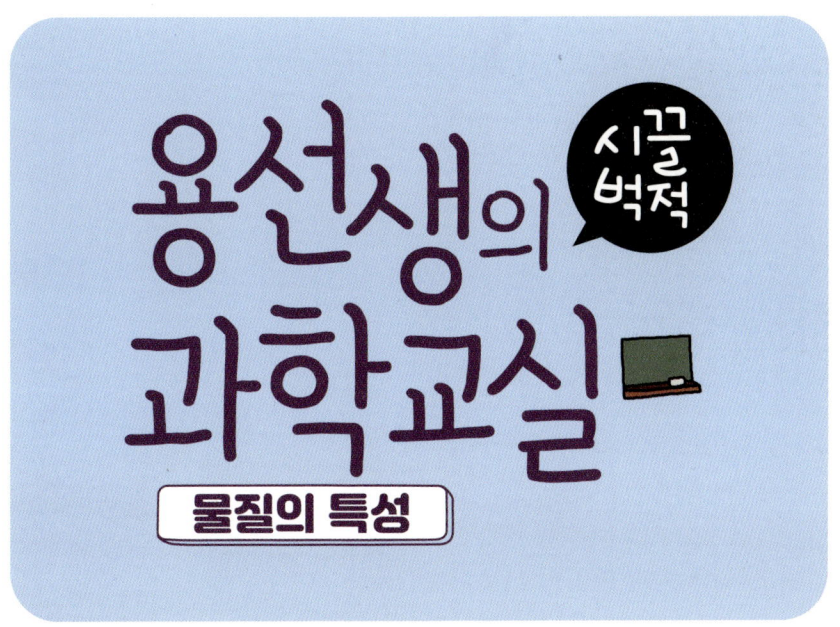

사회평론

글 윤용석
한국교원대학교 화학교육과를 졸업하고 같은 대학교 대학원에서 석사 학위를 받았습니다. 다수의 초·중등용 과학 콘텐츠를 기획, 개발했습니다. 개발한 콘텐츠로는 《중학교 과학 교과서》, 《눈높이과학》, 《과학 개념 사전》, 《와이즈만 과학사전》, 《창의탐구력 과학 1031》, 《메가 사고력 과학》, 《꿀잼 교과서(과학)》, 《교과서 실험 관찰》 외 다수의 초·중·고 관련 학습서가 있습니다.

구성 사회평론 과학교육연구소
대학에서 오랫동안 과학을 연구한 전문가들이 모여, 우리 아이들이 쉽고 재미있게 공부할 수 있는 책을 만들고 있습니다.

김형진 (사회평론 과학교육연구소 연구원)
연세대학교 천문대기과학과를 졸업하고 같은 대학교 대학원에서 석사, 박사 학위를 받았습니다. 과학자를 꿈꾸는 아이들에게 올바른 과학 개념과 과학적 태도를 함께 키울 수 있는 방법을 전달하기 위해 노력하고 있습니다. 현재 사회평론 과학교육연구소 연구원으로 과학책을 만들고 있습니다.

설정민 (사회평론 과학교육연구소 연구원)
서울대학교 생물학과를 졸업하고 같은 대학교 대학원에서 석사 학위를 받은 뒤 박사 과정을 수료하였습니다. 아이에게 과학을 쉽고 재미있게 얘기해 주려 노력하다 보니 어린이를 위한 책을 만드는 일에도 관심을 가지게 되었습니다. 현재 사회평론 과학교육연구소 연구원으로 과학책을 만들고 있습니다.

이명화 (사회평론 과학교육연구소 연구원)
서울대학교 물리교육과를 졸업하고 같은 대학교 대학원에서 석사, 박사 학위를 받았습니다. 10여 년간 중학교에서 과학을 가르쳤으며, 미국 아리조나 주립대에서 물리학으로 박사 학위를 받고 독일, 미국, 영국에서 연구원으로 근무하였습니다. 쉽고 재미있는 과학책을 쓰는 일에 관심을 갖고 있으며, 현재 사회평론 과학교육연구소 연구원으로 과학책을 만들고 있습니다.

그림 김인하
시각디자인을 전공하고 1999년 월간지에 만화를 연재하며 작품 활동을 시작하였습니다. 《건방진 우리말 달인》, 《똑똑한 어린이 대화법》 등에 그림을 그렸습니다. 이 책을 읽는 어린이들의 밝은 미래를 기원합니다.

그림 뭉선생
2004년 LG 동아 국제만화 공모전에 입상하며 작품 활동을 시작했습니다. 그린 책으로 《조지의 우주를 여는 비밀 열쇠》 시리즈, 《용선생 만화 한국사》 시리즈, 《용선생 처음 한국사》 시리즈, 《용선생 처음 세계사》 시리즈 등이 있습니다.

그림 윤효식
2002년 《소년 챔프》에 〈신검〉으로 데뷔하여 어린이에게 유익한 학습 만화를 그리고 있습니다. 그린 책으로 《마법천자문 사회원정대》 시리즈, 《용선생 만화 한국사》 시리즈, 《용선생 처음 한국사》 시리즈, 《용선생 처음 세계사》 시리즈 등이 있습니다.

감수 노석구
서울대학교 화학교육과를 졸업하였으며 같은 대학교 대학원에서 석사, 박사 학위를 받았습니다. 한국교육개발원 연구원을 거쳐 현재 경인교육대학교 과학교육과 교수로 재직 중입니다. 집필한 책으로 《초등과학 교수 학습 지도안 작성을 위한 수업컨설팅》, 《놀이를 활용한 신나는 교실 수업》 외 다양한 과학 교과서와 지도서 등이 있습니다.

캐릭터 이우일
홍익대학교에서 시각디자인을 공부한 만화가입니다. 그림책 작가인 아내 선현경, 딸 은서, 고양이 카프카와 함께 그림을 그리고 글을 쓰며 살고 있습니다. 지은 책으로 《우일우화》, 《옥수수빵파랑》, 《좋은 여행》, 《고양이 카프카의 고백》 등이 있고, 그린 책으로 《노빈손》 시리즈, 《용선생의 시끌벅적 한국사》 시리즈, 《교양으로 읽는 용선생 세계사》 시리즈 등이 있습니다.

용선생의 시끌벅적 과학교실

물질의 특성

글 윤용석 | 구성 사회평론 과학교육연구소 | 그림 김인하·뭉선생·윤효식 | 감수 노석구 | 캐릭터 이우일

자동차를 지키는 액체 삼총사는?

사회평론

프롤로그

여러분, 안녕? 과학반을 맡은 용선생이야. 내 명성은 익히 들어 봤겠지? 역사반과 세계사반을 모두 훌륭하게 성공시키며 방과 후 교실 최고의 인기 교사가 된 그 용선생이란다. 교장 선생님께서 특별히 부탁하셔서 이번에는 과학반을 맡게 되었어. 어찌나 사정을 하시던지 도무지 거절할 수가 없었지 뭐야. 그래서 이 몸이 깜짝 놀랄 수업을 준비했단다.

우리의 수업은 언제나 질문과 함께 출발해. 세상을 둘러보다가 누군가 "저건 왜 그래요?" 하고 질문하면 바로 그 순간 수업이 시작되는 거지. 이제부터 용선생의 시끌벅적 과학교실을 제대로 즐기는 방법을 하나씩 알려 줄게.

첫째, 과학반 친구들과 함께 호기심을 갖고 질문해 봐. 과학을 어렵게만 생각하지 말고, 매 교시마다 아이들이 어떤 호기심을 가지는지 관심을 가져 봐. 과학반 친구들과 함께 '왜 그럴까?', '어떻게 알아낼 수 있을까?' 고민하다 보면 어렵던 과학도 쉽게 느껴질 거야.

둘째, 어려운 내용은 사진과 그림으로 이해해 봐. 어려운 과학 개념과 원리를 한 장의 사진이나 그림을 통해 단숨에 이해할 수도 있어. 그래서 너희를 위해 사진과 그림을 많이 준비했단다. 글을 읽다가 어렵다 싶으면 옆에 있는 사진과 그림을 봐. 잘 이해되지 않던 내용이 틀림없이 술술 이해될 거야.

셋째, 배운 내용을 되새기며 머릿속에 정리해 봐. 왁자지껄한 수업을 마치고 나면 뭘 배웠는지 정리가 안 될 때도 있을 거야. 그럴 때를 대비해 중간중간 핵심 정리를 준비했어. 또 배운 내용을 4컷 만화로 재미있게 요약해 두었지. 게다가 교시가 끝날 때마다 나선애의 정리노트도 마련했단다. 이 정도면 학습 정리는 문제없겠지?

과학은 분야도 다양하고 배울 내용도 아주 많아. 쉽게 이해할 수 있는 부분도 있지만, 여러 번 곰곰이 생각해 봐야 알 수 있는 부분도 있지. 이 책을 여러 번 다시 읽다 보면 구석구석 빠짐없이 모두 이해될 거야.

자, 이제 용선생의 시끌벅적 과학교실을 제대로 즐길 준비가 됐겠지? 그럼 신나는 수업을 시작해 볼까?

차례 | 물질의 특성

1교시 | 물질의 겉보기 성질

상자 속에 무엇이 들었을까?

물체는 무엇으로 만들어졌을까? … 13
상자 속 물체를 알아내려면? … 16
모르는 물질을 어떻게 구별할까? … 19

나선애의 정리노트 … 22
과학퀴즈 달인을 찾아라! … 23

교과연계
초 **3-1** 물질의 성질 | 중 **2** 물질의 특성

3교시 | 어는점과 녹는점

올리브유를 냉장고에 넣으면 어떻게 될까?

어는 동안 온도는 어떻게 변할까? … 45
식용유의 어는점을 찾아라! … 48
어는점과 녹는점의 관계는? … 51

나선애의 정리노트 … 54
과학퀴즈 달인을 찾아라! … 55
용선생의 과학 카페 … 56
 - 눈길에 뿌리는 하얀 가루의 정체는?

교과연계
초 **4-2** 물의 상태 변화 | 중 **2** 물질의 특성

2교시 | 끓는점

끓는 물을 계속 끓이면 더 뜨거워질까?

끓는다는 것은 무엇일까? … 27
끓는 동안 온도는 어떻게 변할까? … 30
식용유의 끓는점은 얼마일까? … 33

나선애의 정리노트 … 38
과학퀴즈 달인을 찾아라! … 39
용선생의 과학 카페 … 40
 - 압력밥솥으로 지은 밥이 맛있는 까닭은?

교과연계
초 **4-2** 물의 상태 변화 | 중 **2** 물질의 특성

4교시 | 밀도

무거우면 물에 가라앉을까?

수박이 물에 뜨는 까닭을 알려면? … 61
밀도의 정체를 밝혀라! … 65
고무찰흙을 물에 띄우려면? … 68

나선애의 정리노트 … 72
과학퀴즈 달인을 찾아라! … 73
용선생의 과학 카페 … 74
   - 잠수함이 물에 뜨고 가라앉는 원리는?

교과연계
초 3-1 물질의 성질 | 중 2 물질의 특성

6교시 | 물질의 특성과 우리 생활

풍선이 뜨고 가라앉는 걸 마음대로 조절하려면?

놀이공원 풍선의 비밀은? … 96
자동차에도 물질의 특성이? … 100
용해도는 어디에 이용될까? … 104

나선애의 정리노트 … 108
과학퀴즈 달인을 찾아라! … 109

교과연계
초 3-1 물질의 성질 | 중 2 물질의 특성

5교시 | 용해도

어느 것이 더 많이 녹을까?

가루 물질은 모두 물에 녹을까? … 79
어느 게 물에 더 많이 녹을까? … 83
산소도 물에 녹을까? … 86

나선애의 정리노트 … 90
과학퀴즈 달인을 찾아라! … 91
용선생의 과학 카페 … 92
   - 잠수병이란 무엇일까?

교과연계
초 5-1 용해와 용액 | 중 2 물질의 특성

가로세로 퀴즈 … 110
교과서 속으로 … 112

찾아보기 … 114
퀴즈 정답 … 115

등장인물

용쓴다 용써!
용선생

- 체력 ★★★
- 지력 ★★★★★
- 감성 ★★★
- 호기심 ★★★★★
- 유머 ★★

열정이 가득한 과학 선생님. 하늘을 향해 거침없이 솟은 머리카락과 삐죽삐죽한 수염이 매력 포인트. 생생한 과학 수업을 하기 위해 물불을 가리지 않는다.

장하다 장해!
장하다

- 체력 ★★★★★
- 지력 ★
- 감성 ★★★★
- 호기심 ★★★★★
- 유머 ★★★★★

'튼튼하게만 자라 다오.'라는 아버지의 소원대로 튼튼하게 자랐다. 성격은 일등, 성적은 비밀이다. 시험을 못 봐도 씩씩하고 엉뚱한 질문으로 수업에 활력을 준다.

오늘도 나선다!
나선애

- 체력 ★★★★
- 지력 ★★★★
- 감성 ★★★
- 호기심 ★★★★★
- 유머 ★★★

과학자를 꿈꾸는 우등생. 공부도 잘하고 아는 게 많아서 모든 일에 앞장서는 타입이다. 겉으로는 차가워 보이지만 내심 따뜻한 면도 가지고 있다. 전혀 티가 안 나서 그렇지.

잘난 척 대장
왕수재

- 체력 ★★★
- 지력 ★★★★
- 감성 ★
- 호기심 ★★★★★
- 유머 ★

세상에서 자기가 제일 잘난 줄 안다. '천재는 외로운 법이고 질투의 대상인 법'이라나. 친구들에게 깐족거리는 데에도 천재적이다. 그래도 수업에는 늘 적극적으로 참여한다.

낭만 가득
허영심

체력 ★★★★
지력 ★★★
감성 ★★★★★
호기심 ★★★★
유머 ★★

감성이 풍부해도 너무 풍부하다. 떨어지는 낙엽이나 밤하늘의 별을 보며 눈물짓고, 조그만 벌레와 대화를 나누는 사차원 성격. 하지만 누구보다 정이 많고 낭만적이다.

과학반 귀염둥이
곽두기

체력 ★★★
지력 ★★★★
감성 ★★★★
호기심 ★★★★★
유머 ★★★★

형과 누나들의 귀여움을 독차지하는 과학반 막내. 나이도 가장 어리고 타고난 동안이라 언뜻 보면 유치원생 같다. 훈장 할아버지 덕에 어려운 단어를 줄줄 꿰고 있다.

우리를 찾아봐!

알코올램프
알코올에 불을 붙여 물질을 가열하는 장치야.

온도계
물질의 온도를 잴 때 사용하는 도구야.

올리브유
올리브 열매를 짜서 뽑아낸 기름이야. 주로 식용유로 사용해.

눈금실린더
액체의 부피를 측정할 때 사용하는 도구야.

비커
액체 등을 담거나 옮길 때 사용하는 도구야.

수돗물
강물을 끌어와 정수장에서 깨끗이 소독하여 사용하는 물이야.

1교시 | 물질의 겉보기 성질

상자 속에 무엇이 들었을까?

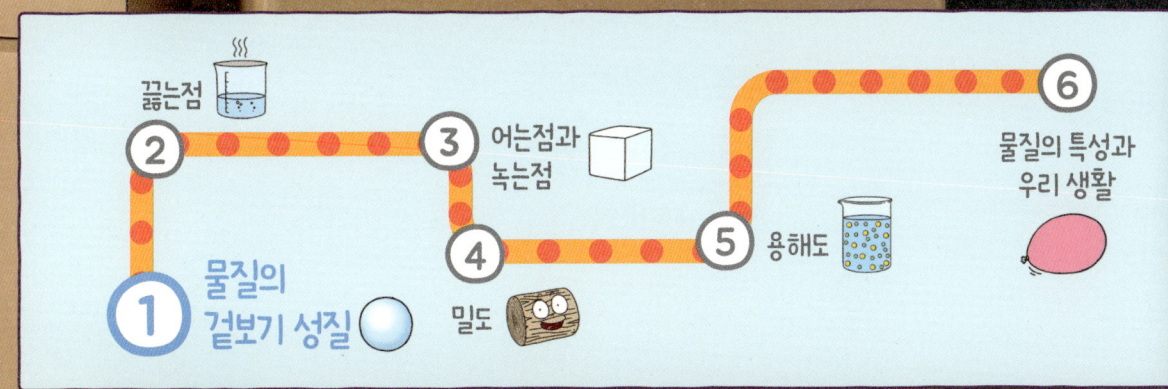

"교탁 위에 웬 상자가 있어!"

"무슨 상자일까? 한번 열어 보고 싶다."

곽두기의 말에 나선애가 고개를 저으며 말했다.

"선생님 허락도 없이 열어 볼 순 없지."

"나도 그 정도는 알아! 그래도 안에 뭐가 들었는지 궁금하단 말이야."

아이들은 상자 속에서 나는 냄새도 맡고, 흔들어 보기도 했다.

"고무 냄새가 살짝 나."

"흔들었더니 뭐가 굴러가는 소리가 나는데?"

"어휴, 궁금해. 상자를 열지 않고 뭐가 들었는지 알아낼 방법은 없을까?"

그때 용선생의 목소리가 들렸다.

"있지, 왜 없어?"

물체는 무엇으로 만들어졌을까?

"사실 이 상자는 오늘 너희랑 재미있는 활동을 하려고 준비한 거란다."

"우아! 무슨 활동인데요?"

"물질의 겉보기 성질을 이용해서 상자 속에 뭐가 들었는지 맞히는 활동이야."

"물질? 겉보기 성질? 그게 다 뭐예요?"

"좋아! 우선 물질이 무엇인지부터 알아볼까? 물질은 물체를 만드는 재료를 말해. 물체는 간단히 말해 우리가 보고 만질 수 있는 것이야. 예를 들어, 여기에 있는 종이컵은 우리가 보고 만질 수 있으니 물체이지. 이때 종이컵의 재료인 종이가 바로 물질이야."

"오호, 생각보다 쉽네요!"

"하하, 우리 주위에서 물체와 물질을 직접 찾아보자. 먼저 물체를 생각나는 대로 얘기해 볼까? 우리가 보고 만질 수 있으면 모두 물체야."

용선생의 말에 곽두기가 대답했다.

"책도 있고, 페트병, 컵, 책상, 의자, 지우개도 있어요."

나선애가 이어서 말했다.

▲ **종이컵과 종이** 종이컵은 우리가 보고 만질 수 있는 물체야. 종이컵을 만드는 재료인 종이는 물질이지.

"연필, 책장, 선풍기, 화분, 빗자루, 손수건도 있고요."

"그래, 두기와 선애가 말한 것들 모두 우리가 보고 만질 수 있는 물체야. 물체의 뜻을 좀 더 정확히 말하면 모양이 있고 공간을 차지하는 것이지."

그러자 장하다가 말했다.

"그럼 제가 야구 경기할 때 쓰는 글러브, 공, 방망이, 옷 같은 것들도 모두 물체예요?"

"그렇지. 모두 모양이 있고 공간을 차지하는 물체야!"

"헉, 그렇다면 이 세상에는 물체가 수천, 수만 가지도 넘겠네요?"

"하하, 그렇지."

"선생님, 궁금한 게 있어요. 물질도 물체처럼 수천, 수만 가지가 넘나요?"

허영심의 질문에 용선생이 웃으며 대답했다.

"물질은 물체를 만드는 재료라고 했지? 예를 들어, 책과 페트병, 농구공은 각각 무엇으로 만들었을까?"

그러자 나선애가 재빠르게 대답했다.

"책은 종이로, 페트병은 플라스틱으로, 농구공은 고무로

▲ 여러 가지 물체와 물질

만들어요."

"맞아. 종이와 플라스틱, 고무가 바로 물질이지. 그러면 컵은 무엇으로 만들었을까?"

"컵은 종이와 플라스틱으로 만든 것도 있고, 유리나 금속으로 만든 것도 있어요."

"잘 말했어. 유리와 금속도 물질이야. 이 밖에도 의자를 만드는 데 쓰는 나무나 가죽도 모두 물질이지. 더 생각나는 물질이 있니?"

"글쎄요……. 더 생각이 안 나요."

"하하, 잘 떠오르지 않는 게 맞아. 물체의 종류는 수천, 수만 가지이지만, 우리 주변에서 볼 수 있는 물질의 종류는 그리 많지 않아. 한 가지 물

▲ 플라스틱으로 만든 다양한 물체

질로 아주 많은 종류의 물체를 만들 수 있기 때문이지."

"오호, 이제 물질이 뭔지 확실히 알겠어요."

핵심정리

책, 페트병, 컵, 의자처럼 모양이 있고 공간을 차지하는 것을 물체라고 해. 종이, 플라스틱, 유리, 금속처럼 물체를 만드는 재료를 물질이라고 하지.

 상자 속 물체를 알아내려면?

"다시 상자 속 물체를 알아보는 활동으로 돌아와 보자. 방금 배운 것처럼 상자 속 물체도 물질로 만들어져 있겠지? 그러니까 물질의 겉보기 성질을 알면 어떤 물체인지 쉽게 알 수 있어!"

"겉보기 성질이 뭐예요? 겉으로 보이는 성질이라는 뜻인가요?"

곽두기의 질문에 용선생이 웃으며 말했다.

"거의 맞는데, 정확한 뜻은 아니야. 여기 탁자 위에 있는 물, 설탕물, 소금물, 식초, 간장을 구별해 보면서 겉보기 성질이 무엇인지 알아보자."

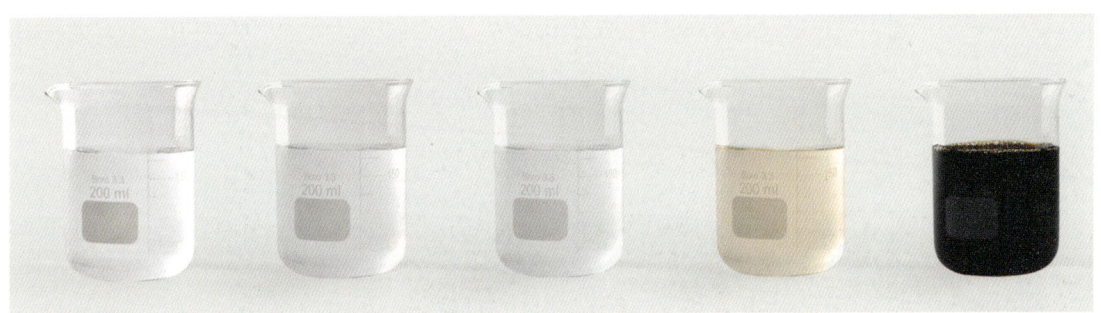

나선애가 재빨리 손을 들고 말했다.

"까만 건 간장이 확실해요!"

"선애가 잘 맞추었네. 어떤 물질은 간장처럼 눈으로 보아서 쉽게 구별할 수 있어."

"네 번째 비커는 노란색이고 시큼한 냄새가 나는 걸 보니 식초가 확실해요."

"맞아. 식초는 눈으로 색을 보고, 코로 냄새를 맡아 쉽게 구별할 수 있지. 그럼 물, 설탕물, 소금물은 어떻게 구별할 수 있을까?"

"물, 설탕물, 소금물은 색깔도 같고 냄새도 없는데요?"

"아! 맛을 보면 알 수 있을 것 같아요."

"그렇지. 모르는 물질을 함부로 맛보는 건 위험하지만, 물, 설탕물, 소금물은 맛을 보아 쉽게 구별할 수 있어. 이처럼 우리의 눈, 코, 입, 귀, 피부 같은 감각 기관을 이용하여 알 수 있는 물질의 성질을 겉보기 성질이라고 해."

 용선생의 과학 현미경

우리의 감각은 눈으로 보는 시각, 코로 냄새를 맡는 후각, 귀로 소리를 듣는 청각, 입으로 맛을 보는 미각, 피부로 촉감을 느끼는 촉각이 있어. 시각, 후각, 청각, 미각, 촉각의 다섯 가지 감각을 합쳐서 오감이라고도 해.

"겉보기 성질이라고 꼭 눈으로 보는 것만 말하는 건 아니군요. 그럼 교탁 위에 있는 상자 속에 뭐가 들었는지도 겉보기 성질로 알아낼 수 있겠네요?"

"그렇지. 눈으로 직접 보는 건 너무 쉬우니까 그 방법은 사용하지 말고 맞혀 보자."

"우아, 신난다!"

아이들은 상자에 귀를 대 보고, 냄새를 맡으며 부산을 떨었다.

"선생님, 근데 만져 볼 수가 없어요."

"하하! 손을 넣을 수 있게 구멍을 뚫어 줄게."

용선생이 상자에 구멍을 만들자, 아이들이 구멍에 손을 넣어 열심히 물체를 만졌다.

"고무 냄새가 나고, 크기는 수박 정도 되고, 겉이 오톨도톨하고……. 알았다! 농구공 같아요!"

"상자를 열어 맞는지 확인해 볼까?"

용선생이 상자를 열어 농구공을 꺼내자 아이들이 환호성을 질렀다.

"잘 맞혔어. 오늘 우리가 상자 속 물체를 맞힌 것처럼, 과학자들도 정체를 모르는 물질이 무엇인지 알아내거나 구별해야 하는 경우가 많단다."

그러자 나선애가 조심스럽게 물었다.

"과학자들도 겉보기 성질을 이용하나요?"

핵심정리

눈, 코, 입, 귀, 피부 등의 감각 기관을 이용하여 알 수 있는 물질의 성질을 겉보기 성질이라고 해.

모르는 물질을 어떻게 구별할까?

"사람의 감각 기관은 한계가 있어서 겉보기 성질로 모든 물질을 구별할 수는 없단다. 예를 들어, 플라스틱과 유리는 서로 다른 물질이지만 투명한 구슬로 만들면 겉보기 성질이 비슷해서 구별하기 힘들어."

 나선애의 과학 사전

투명 꿰뚫을 투(透) 밝을 명(明). 물이나 유리처럼 뒤에 있는 물체가 보이는 것을 말해.

어떤 게 플라스틱이고, 어떤 게 유리지?

구별이 안 되네.

"그러네요. 그러면 방법이 없는 건가요?"

"물질의 특성을 이용하면 구별할 수 있어!"

"물질의 특성이요? 그게 뭔데요?"

"물질의 여러 가지 성질 중 그 물질만이 가지는 고유한 성질을 물질의 특성이라고 해. 겉보기 성질도 물질의 특성 중에 하나야."

"오호, 또 어떤 게 있어요?"

"끓는점, 녹는점, 어는점, 밀도, 용해도 같은 게 있어."

"밀도? 용해도? 다 처음 들어 봐요."

"하하, 걱정 마. 앞으로 차근차근 하나씩 알아볼 거야. 지금은 물질의 특성을 이용하면 어떤 물질인지 쉽게 구별할 수 있다는 것만 기억해 둬."

아이들이 고개를 끄덕이자 용선생이 웃으며 말했다.

"여기서 퀴즈! 무게나 넓이도 물질의 특성일까?"

"음…… 글쎄요. 금속은 무겁고, 플라스틱은 가벼우니까 무게도 물질의 특성이지 않을까요?"

"그렇게 생각하기 쉽지만, 무게와 넓이는 물질의 특성이 될 수 없어. 또 길이와 온도도 물질의 특성이 될 수 없지. 생각해 봐. 같은 물질이라 해도 무게, 넓이, 길이, 온도는 다를 수 있어. 또 서로 다른 물질이라 해도 무게, 넓이, 길이, 온도는 얼마든지 같을 수 있고."

"아! 큰 유리구슬이랑 작은 유리구슬이 무게가 달라도 같은 물질로 만들어진 것처럼 말이죠?"

나선애의 말에 용선생이 고개를 끄덕이며 말했다.

"그렇지. 또 나무젓가락과 쇠젓가락은 길이가 같아도 다른 물질로 만든 거지."

아이들이 "그렇군요." 하며 고개를 끄덕이는데, 장하다가 손을 들고 말했다.

"선생님, 우리 상자 속 물체 맞히기 또 해요! 재미있단 말이에요."

"저도 또 하고 싶어요!"

아이들은 간절한 눈으로 용선생을 바라보았다.

"좋았어. 모두 눈 감아. 선생님이 물체를 넣은 다음에 신호를 줄게. 기대하시라!"

"야호! 선생님 최고!"

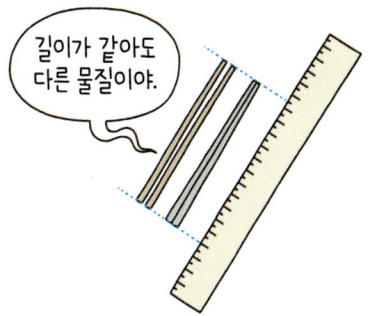

핵심정리

물질의 여러 가지 성질 중 그 물질만이 가지는 고유한 성질을 물질의 특성이라고 해. 물질의 특성을 이용하면 서로 다른 물질을 구별할 수 있어. 물질의 특성에는 겉보기 성질, 끓는점, 녹는점, 어는점, 밀도, 용해도 등이 있어.

나선애의 정리노트

1. 물질
① ⓐ [　　　]를 만드는 재료
- 예 종이, 플라스틱, 유리, 금속, 나무, 가죽 등

② 물체: 모양이 있고 공간을 차지하는 것
- 예 책, 페트병, 컵 등

2. 물질의 겉보기 성질
① 사람의 ⓑ [　　　]을 이용하여 알 수 있는 물질의 성질
② 사람의 감각 기관: ⓒ [　　], 코, 입, 귀, 피부

(시각, 청각, 후각, 미각, 촉각)

3. 물질의 특성
① 물질의 여러 가지 성질 중 그 물질만이 가지는 고유한 성질
- 물질의 특성을 이용해 서로 다른 물질을 구별할 수 있음.

② 겉보기 성질, 끓는점, 녹는점, 어는점, ⓓ [　　　], 용해도 등
③ 물질의 특성이 아닌 것: ⓔ [　　], 넓이, 길이, 온도 등

ⓐ 물체 ⓑ 감각 기관 ⓒ 눈 ⓓ 밀도 ⓔ 무게

 # 과학퀴즈 달인을 찾아라!

●정답은 115쪽에

01

친구들이 이번 시간에 배운 내용에 대해 이야기하고 있어. 옳으면 O, 옳지 않으면 X를 표시해 줘.

① 나무, 금속, 고무처럼 물체를 만드는 재료를 물질이라고 해. (　　)

② 눈으로 물, 설탕물, 소금물을 구별할 수 있어. (　　)

③ 겉보기 성질로 모든 물질을 구별할 수 있어. (　　)

02

곽두기가 보물 상자를 열려고 해. 보물 열쇠 중 간장과 식초를 구별할 수 있는 감각 기관 세 개를 고르면 보물 상자를 열 수 있대. 곽두기와 함께 보물 상자를 열어 보자.

2교시 | 끓는점

끓는 물을 계속 끓이면 더 뜨거워질까?

물을 끓이고 있네.

선생님이 요리를 하시려나 봐.

"선생님! 뭐 하세요?"

"아이코, 하다야. 왜 이리 일찍 왔어?"

"수업 마치고 시간이 비어서요. 헤헤."

"그랬구나. 선생님도 잠시 쉬면서 차 한잔 마시려고 물을 끓이고 있었지. 너도 마실래?"

"네, 감사합니다."

장하다가 물이 끓기를 기다리며 주전자를 바라보았다.

"선생님, 주전자가 투명해서 안이 다 보여요. 이제 물이 보글보글 끓네요."

그러자 용선생은 주전자를 들어 찻잔에 물을 부었다.

"어라? 더 팔팔 끓이는 게 좋지 않아요? 물이 더 뜨거워지면 차도 잘 우러날 것 같은데요."

"글쎄. 끓는 물을 계속 끓인다고 더 뜨거워질까?"

때마침 아이들이 과학실에 들어왔다.

끓는다는 것은 무엇일까?

"얘들아, 오늘은 하다의 궁금증을 함께 해결해 보자."

"하다가 뭘 궁금해 하는데요?"

그러자 장하다가 머리를 긁적이며 말했다.

"끓고 있는 물을 계속 끓이면 점점 더 뜨거워지는지가 궁금해."

"아! 저도 궁금했던 적 있어요."

아이들이 모두 고개를 끄덕이며 용선생을 바라보았다.

"하하! 마침 잘됐네. 그런데 끓는다는 게 무엇인지부터 정확히 알아야 하지 않을까?"

"그야 물에서 거품이 뽀글뽀글 나는 게 끓는 거죠!"

곽두기가 웃으며 말하자 나선애가 핀잔을 주었다.

"아니지. 물속에 빨대를 넣고 공기를 불어 넣어도 거품이 뽀글뽀글 나잖아. 그것도 끓는 거니?"

곽두기가 뾰로통한 표정을 지으며 다시 말했다.

"선생님, 끓는다는 게 뭔지는 아는데 정확히 설명하기 어려워요."

"좋았어. 물이 끓는 과정을 직접 관찰하면서 끓는다는 게 무엇인지 알아보자. 비커에 담은 물을 가열할 테니 어떻

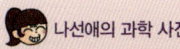

나선애의 과학 사전

가열 더할 가(加) 열 열(熱). 어떤 물질에 열을 가하여 덥히는 걸 말해.

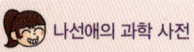
나선애의 과학 사전

알코올램프 알코올에 불을 붙여 물질을 가열하는 도구야.

게 되는지 관찰해 보렴."

용 선생이 알코올램프에 불을 붙이고 기다렸다. 얼마 뒤 왕수재가 외쳤다.

"선생님, 물속에서 작은 거품이 올라와요!"

▲ 끓기 전

▲ 끓기 시작할 때

▲ 끓을 때

"그렇지, 물이 끓기 시작했구나. 물이 끓기 시작하면 물 표면에서 하얀 김이 생기고, 물속에서는 작은 기포가 생겨. 물이 팔팔 끓을 때에는 하얀 김도 많아지고 물속에서 큰 기포가 계속 생기지."

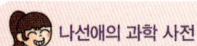
나선애의 과학 사전

기포 공기 기(氣) 거품 포(泡). 액체나 고체 속에 기체가 들어가 거품처럼 동그랗게 부풀어 있는 것을 말해.

"우아, 정말 그러네요. 물이 팔팔 끓으니까 커다란 기포가 마구 생겨요."

"처음에 물 표면에서 하얀 김이 생기는 까닭은 액체인

물이 기체인 수증기로 변했기 때문이야. 또 물속에 생긴 기포도 물이 수증기로 변한 것이지. 한마디로, 물 표면과 물속 모두에서 물이 수증기로 변한 거야."

"네? 물 표면과 물속 모두에서요?"

왕수재의 말에 용선생은 고개를 끄덕이며 말했다.

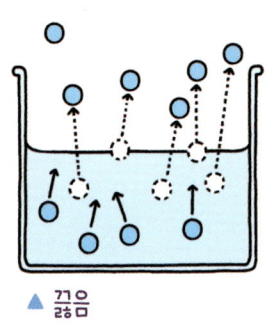
▲ 끓음

"그래! 이처럼 액체가 표면과 내부 모두에서 기체로 변하는 현상을 끓음이라고 해. 물뿐만 아니라 다른 액체도 끓을 때에는 속에서 기포가 생기는 걸 관찰할 수 있어. 그 기포 역시 액체가 기체로 변한 거야."

"다른 액체도 물처럼 끓을 수 있군요!"

용선생이 알코올램프의 불을 끄자 허영심이 갑자기 손을 번쩍 들고 말했다.

"선생님! 왜 불을 끄세요? 물이 끓기 시작할 때하고 물이 팔팔 끓을 때 온도가 달라지는지 알아봐야 하잖아요?"

"맞다, 오늘 알아보려고 했던 게 그거였지?"

"어휴, 선생님!"

"하하, 물을 다시 끓이면서 온도를 측정해 보자."

"네! 어서요!"

 용선생의 과학 현미경

물이 끓을 때 생기는 하얀 김은 수증기가 아니야. 공기 중으로 나온 수증기가 식어서 아주 작은 물방울이 되어 떠 있는 거야. 수증기는 크기가 너무 작아서 눈에 보이지 않는단다.

 용선생의 과학 현미경

액체인 물이 기체인 수증기로 변하는 현상에는 끓음 말고 증발도 있어. 증발은 액체의 표면에서만 기체로 변하는 현상이야. 풀잎에 맺힌 이슬이 낮이 되면 사라지거나, 컵 속에 담긴 물이 시간에 따라 줄어드는 까닭은 증발이 일어나기 때문이지.

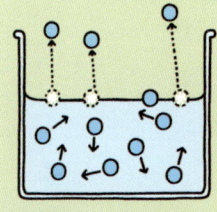
▲ 증발

 나선애의 과학 사전

측정 잴 측(測) 정할 정(定). 기계나 장치 등을 사용하여 값을 잰다는 뜻이야.

아이들이 한목소리로 외쳤다.

핵심정리

액체가 표면과 내부에서 모두 기체로 변하는 현상을 끓음이라고 해.

 끓는 동안 온도는 어떻게 변할까?

"물이 끓는 동안 온도가 어떻게 변하는지 측정하려면 온도계가 필요하겠지? 비커 위에 온도계를 달아 볼게."

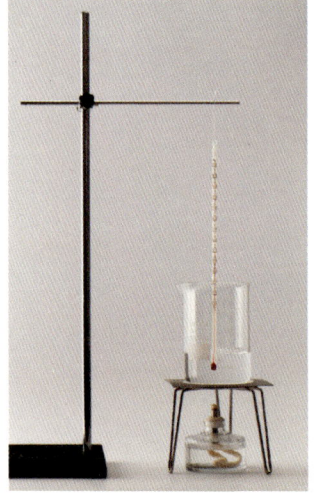

▲ 온도계를 설치한 가열 장치

용 선생이 온도계를 설치하자 장하다가 말했다.

"이제 알코올램프에 불을 붙이고 온도계를 관찰하면 되겠네요?"

용 선생이 고개를 끄덕이며 알코올램프에 불을 붙이자 모두 조용히 온도계를 관찰했다.

"선생님, 온도가 점점 올라가요! 30℃, 35℃, 40℃……."

"그렇지? 계속 관찰해 보렴."

"온도가 계속 올라가네요. 80℃, 90℃……. 와! 드디어 100℃가 되었어요."

"흠흠, 온도계만 보지 말고 이제 물속을 좀 보렴. 기포가 생기기 시작했단다. 이제 물이 끓기 시작한 거야."

"아! 물은 100℃에서 끓기 시작하는군요?"

잠시 후 곽두기가 말했다.

"이제 물이 팔팔 끓어요. 커다란 기포도 많이 생기고요."

"그렇구나. 물이 팔팔 끓을 때 온도는 몇 ℃이니?"

"어라? 온도계가 고장 났나 봐요. 물의 온도가 100℃에서 더 올라가지 않아요."

> **용선생의 과학 현미경**
>
> ℃는 섭씨온도의 단위야. 30℃는 섭씨 30도라고 읽어. 섭씨온도는 셀시우스라는 스웨덴의 과학자가 1942년에 처음 사용했어. 우리나라를 비롯한 대부분의 나라에서 섭씨온도를 써.

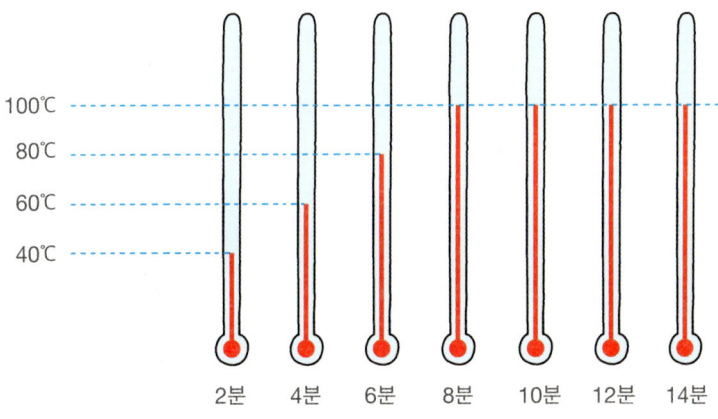

▲ 물을 가열할 때의 온도 변화

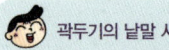

곽두기의 낱말 사전

유지 맬 유(維) 버틸 지(持). 어떤 상태를 그대로 보존하거나 변함없이 계속하여 이어 가는 것을 말해.

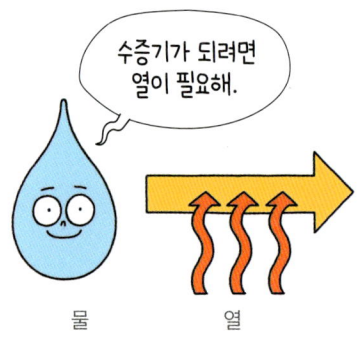

▲ 물이 수증기로 변할 때

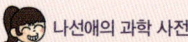

나선애의 과학 사전

꺾은선 그래프 막대그래프의 끝을 꺾은선으로 연결한 그래프야. 시간에 따른 변화를 나타내기 편리해.

곽두기의 말에 용선생이 웃으며 말했다.

"하하! 온도계가 고장 난 게 아니란다."

"그럼 왜 물이 끓기 시작할 때랑 팔팔 끓을 때 온도가 같아요?"

"알코올램프로 물을 가열하면 가해준 열 때문에 물의 온도가 높아져. 그러다가 물이 끓기 시작하면 가해준 열은 물이 수증기로 변하는 데 이용되지. 그래서 물이 끓는 동안 물의 온도가 일정하게 유지된단다. 이렇게 액체 물질이 끓는 동안 일정하게 유지되는 온도를 끓는점이라고 해."

"끓는점! 들어 봤어요."

"그러니? 그럼 물의 끓는점은 몇 ℃라고 말하면 될까?"

아이들이 입을 모아 대답했다.

"100℃요!"

"그렇지. 물을 가열하면 물의 온도가 계속 올라가다가 100℃에서 물이 끓으며 온도가 일정하게 유지돼. 그러니까 물의 끓는점은 100℃란다. 방금 했던 실험의 결과를 꺾은선 그래프로 그려 볼까? 물의 온도가 가열 시간에 따라 어떻게 변하는지 보렴."

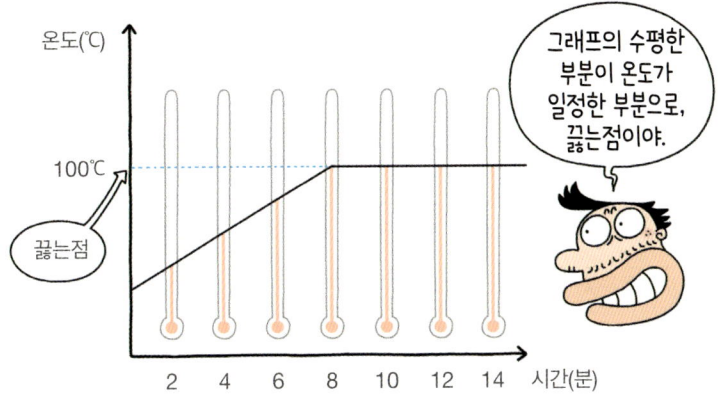

▲ 가열 시간에 따른 물의 온도 변화

"꺾은선 그래프로 보니까 온도가 올라가다가 100℃에서 일정하게 유지되는 게 한눈에 보이네요."

핵심정리

액체 물질이 끓는 동안 일정하게 유지되는 온도를 끓는점이라고 해. 물의 끓는점은 100℃야.

식용유의 끓는점은 얼마일까?

"이제부터 우리 주위에 있는 여러 물질의 끓는점을 알아보자. 첫 번째로 알아볼 물질은 식용유야. 알다시피 식용유는 음식을 만들 때 사용하는 기름이야. 혹시 분식집에서 식용유로 튀김 만드는 걸 본 적 있니?"

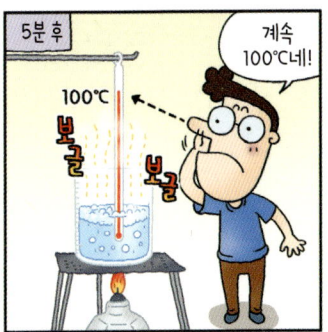

용선생의 말에 허영심이 대답했다.

"네! 뜨거운 식용유에 튀김 반죽을 넣었더니 소리도 나고 기포도 생겼어요."

"앗! 기포가 생겼으니까 식용유가 끓는 건가요?"

"하하! 그건 식용유가 끓는 게 아니란다. 식용유는 끓는점이 매우 높아. 식용유로 많이 쓰는 콩기름은 끓는점이 200℃보다 높단다."

"끓는 게 아니면 기포가 왜 생기는 거죠?"

"튀김을 만들 때 식용유의 온도는 180℃ 정도야. 그래서 튀김 반죽을 식용유에 넣으면 튀김 반죽 속에 들어 있는 물이 끓어서 기포가 생긴단다."

"아하! 식용유가 아니라 물이 끓은 거였군요. 물은 100℃에서 끓으니까요."

허영심은 알겠다는 듯 고개를 끄덕였다.

"식용유 말고 다른 물질의 끓는점은요?"

"소독약에 들어 있는 에탄올이란 액체는 끓는점이 약 78℃야. 또, 연료로 사용되는 메탄올이란 액체는 끓는점이 약 65℃이지."

"오호, 물보다 끓는점이 낮군요. 다른 물질들도 끓는점이 제각각 달라요?"

식용유가 끓는 게 아니라고?

"맞아. 끓는점은 물질마다 달라. 따라서 끓는점은 물질의 특성이고, 정체를 모르는 물질도 끓는점을 측정해 보면 어떤 물질인지 알아낼 수 있지. 이번에는 우리가 숨 쉴 때 필요한 산소의 끓는점을 알아볼까?"

용선생의 말에 아이들이 깜짝 놀라며 물었다.

"산소도 끓어요?"

"그럼! 산소도 끓는단다. 끓는점이 무엇인지 잘 생각해 보렴. 액체를 가열해서 끓는점이 되면 액체는 무엇으로 변

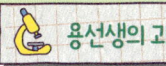 용선생의 과학 현미경

물질의 양이 늘어나면 끓는점이 달라질까?

물의 끓는점은 가열하는 물의 양이 늘거나 줄어도 변하지 않아. 물의 양이 늘어나면 끓는점에 도달하는 시간이 길어질 뿐 끓는점은 그대로야.

이것은 물뿐 아니라 모든 물질이 마찬가지야. 같은 물질이라면 양에 상관없이 끓는점은 늘 일정해.

▲ 영하 183℃에서 끓는 액체 산소

하지?"

"기체로 변해요."

"그렇지. 우리 주변에서 산소는 보통 기체 상태로 존재해. 우리 주변 공기의 온도가 산소의 끓는점보다 높기 때문이지."

"아하, 그럼 액체 산소도 있겠네요?"

"맞아. 산소의 끓는점은 약 영하 183℃란다. 산소는 영하 183℃보다 낮은 온도에서 액체 상태로 존재해."

"영하 183℃요? 엄청 낮은 온도네요."

"그렇지? 산소는 영하 183℃보다 낮은 온도에서 액체 상태로 있다가 온도가 점점 높아지면 영하 183℃에서 끓어서 기체가 된단다."

"산소도 끓는다는 게 신기해요."

"하하, 더 신기한 걸 알려 줄까?"

용선생은 교탁 아래에서 음료수 캔을 꺼냈다.

"음료수 캔은 알루미늄으로 만들어. 알루미늄을 계속 가열하면 녹아서 물과 같은 액체가 되고, 더 가열해서 2470℃가 되면 끓기 시작한단다. 그러니까 알루미늄의 끓는점은 2470℃이지."

"와! 상상하기 힘든 온도예요."

나선애의 과학 사전

알루미늄 은백색을 띠는 금속으로 가볍고 무른 성질이 있어.

▲ 주변에서 볼 수 있는 여러 가지 물질의 끓는점

"책상 다리를 만들 때 사용하는 철의 끓는점은 알루미늄보다 높아서 무려 2862℃나 돼."

용선생이 책상 다리를 가리키다 실수로 발을 부딪쳤다.

"어이쿠!"

"선생님! 발 안 아프세요?"

"하하, 하나도 안 아프니 걱정 말렴. 아무튼 모든 물질은 끓는점이 서로 다르다는 것, 그래서 끓는점은 물질의 특성이라는 걸 꼭 기억해!"

용선생은 입술을 파르르 떨며 웃었다.

 핵심정리

끓는점은 물질의 종류에 따라 모두 달라. 따라서 끓는점은 물질의 특성이야.

나선애의 정리노트

1. 끓음과 끓는점
① 끓음: 액체가 표면과 내부 모두에서 ⓐ [　　] 로 변하는 현상
② ⓑ [　　]: 액체 물질이 끓는 동안 일정하게 유지되는 온도
③ 물의 끓는점: ⓒ [　　] ℃

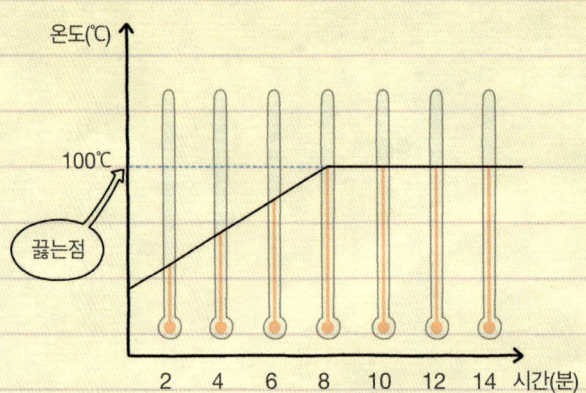

2. 여러 가지 물질의 끓는점
① 물질의 종류에 따라 끓는점은 서로 다름.
　　[예] 에탄올의 끓는점 약 78℃, 산소의 끓는점 약 영하 183℃ 등
② 끓는점은 물질의 종류에 따라 다르므로 물질의 ⓓ [　　] 임.

ⓐ 기체 ⓑ 끓는점 ⓒ 100 ⓓ 특성

과학퀴즈 달인을 찾아라!

●정답은 115쪽에

01

친구들이 이번 시간에 배운 내용에 대해 이야기하고 있어. 옳으면 O, 옳지 않으면 X를 표시해 줘.

① 물이 끓을 때 표면에서만 기체로 변해. (   )
② 액체가 끓는 동안에는 온도가 일정하게 유지돼. (   )
③ 산소는 물보다 끓는점이 높아. (   )

02

장하다가 온도계를 찾으러 가고 있어. 끓는점에 대한 설명 중 옳은 것을 따라가면 온도계를 찾을 수 있대. 함께 길을 찾아보자.

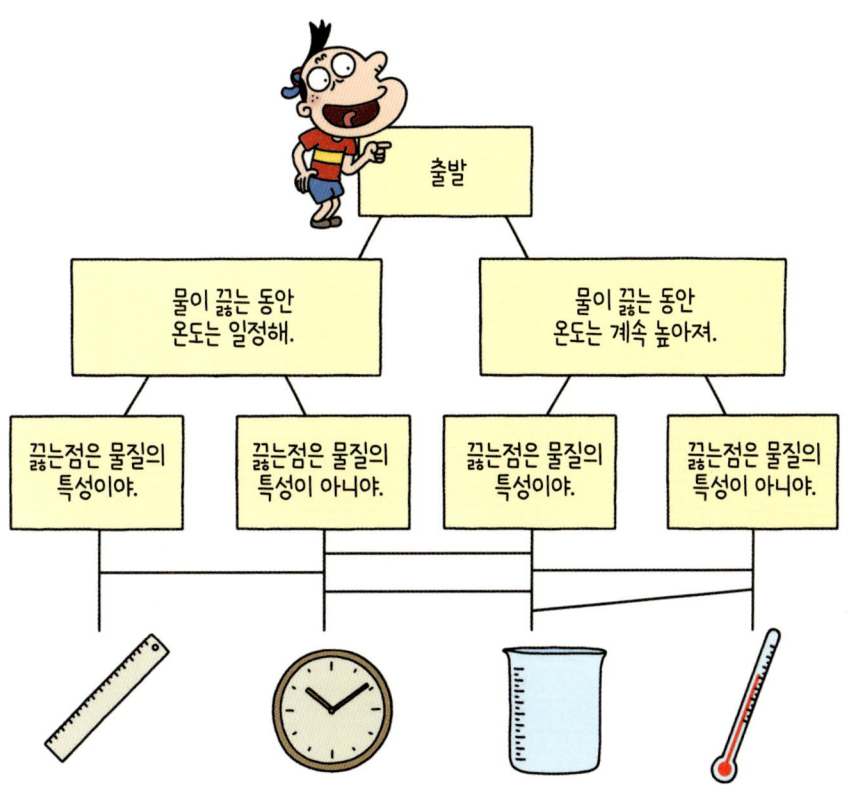

 용선생의 과학 카페 　　용선생의 한국사 카페 　　용선생의 세계사 카페

https://cafe.naver.com/yongyong

용선생의 과학 카페

과학계의 핵인싸,
용선생의 과학 카페에
오신 걸 환영합니다.

Log in

오늘은 어떤 재미난 지식을 올려 볼까?

MENU

물리면 아프다
화학이 화하하
생물 오징어
지구는 둥글다

압력밥솥으로 지은 밥이 맛있는 까닭은?

압력밥솥으로 밥을 지으면 일반 냄비에서보다 쌀이 빨리 익고, 밥도 더 맛있게 지어져. 왜 압력밥솥으로 밥을 지으면 더 맛있을까? 비밀은 바로 끓는점에 있어.

일반적으로 물의 끓는점은 100℃야. 하지만 '압력'이 변하면 물의 끓는점이 달라져. 압력은 쉽게 말해서 '누르는 힘'이야. 예를 들어, 손으로 베개를 누르는 힘이나 신발로 땅을 누르는 힘이 압력이지.

우리 주변의 공기는 사방에서 물체를 누르고 있어. 이 힘도 압력이야. 공기의 압력을 기압이라 하고, 평소에 우리를 누르는 기압의 크기를 1기압이라고 해. 여기서 중요한 건 물의 끓는점이 기압의 크기에 따라 달라진다는 거야.

먼저 1기압에서 물의 끓는점은 100℃야. 일반적인 냄비는 물이 끓으면 뚜껑의 구멍이나 틈을 통해 수증기가 빠져나가. 수증기가 빠져나가면 냄비 안의 압력은 그대로 1기압이고, 물의 끓는점도 그대로 100℃이지.

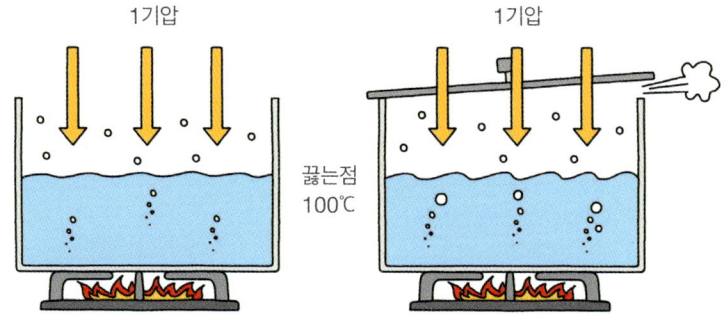

▲ **일반적인 냄비** 물이 끓으면 뚜껑의 구멍이나 틈으로 수증기가 빠져나가기 때문에 냄비 안의 압력은 높아지지 않아.

한편 기압이 높아지면 물의 끓는점은 100℃보다 높아져. 압력밥솥은 이러한 원리를 이용하는 도구야. 압력밥솥에 쌀과 물을 넣고 뚜껑을 꼭 닫은 뒤 가열하면, 물이 끓으며 나온 수증기의 압력 때문에 밥솥 안 기체의 압력이 1기압보다 커져. 따라서 물은 100℃보다 더 높은 온도에서 끓고, 높은 온도 덕분에 쌀이 잘 익어서 맛있는 밥이 돼.

- 장하다의 오답을 피하는 방법
- 나선애의 야무진 실험실
- 왕수재의 아는 척 과학교실
- 허영심의 별 헤는 밤
- 곽두기의 빅뱅 따라잡기

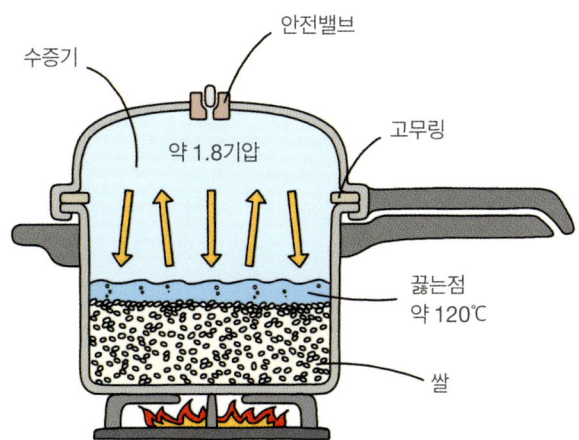

▲ **압력밥솥** 뚜껑이 단단히 잠겨 있어서, 물이 끓어 밥솥 안 기체의 압력이 커져도 뚜껑이 열리지 않아.

COMMENTS

- 압력밥솥이 짱이네!
  └ 근데 좀 무섭던데….
  └ 맞아. 칙칙 소리가 나면서 김도 많이 나고.
  └ 어이구. 설명서대로 안전하게 사용하면 문제없다고!

교과연계

초 **4-2** 물의 상태 변화
중 **2** 물질의 특성

"이상해! 이상해!"

"하다야! 뭐가 이상한데?"

"우리집 냉장고에 올리브유가 있는데, 아무래도 상한 것 같아."

"왜? 올리브유가 어떻게 됐길래?"

"내가 사진을 찍어 왔지. 이것 봐."

아이들은 장하다가 내민 사진에 몰려들었다.

"올리브유가 뿌옇게 변했네? 정말 상한 것 같아!"

아이들의 이야기를 잠자코 듣던 용선생이 사진을 들여다보고 말했다.

"상한 게 아니네. 그냥 사용해도 되겠어!"

아이들이 놀란 눈으로 용선생을 바라보았다.

"상한 게 아니라고요?"

"그럼 왜 올리브유가 뿌옇게 흐려진 거예요?"

어는 동안 온도는 어떻게 변할까?

"올리브유가 얼면서 뿌옇게 흐려진 거야."

"헉! 올리브유도 얼어요? 물이 얼어서 얼음이 되는 것처럼요?"

"맞아! 언다는 건 액체가 고체가 된다는 뜻이야. 올리브유도 물처럼 얼 수 있지. 말이 나온 김에 오늘은 물질이 어는 과정에 대해 알아보면 좋겠구나. 너희 물이 몇 ℃에서 얼기 시작하는지 알고 있니?"

용선생의 질문에 아이들은 입을 모아 대답했다.

"물은 0℃에서 얼어요! 그건 상식이에요, 헤헤."

"잘 알고 있네. 그럼 물이 거의 다 얼었을 때 온도는 몇 ℃일까?"

"글쎄요? 0℃보다는 낮지 않을까요?"

"하하, 과연 그런지 실험으로 알아볼까?"

"네! 빨리 실험해 봐요."

"그러면 물컵에 물을 조금 담고 온도계를 잘 고정해서 냉동실에 넣은 뒤 온도 변화를 측정해 보자!"

"근데 냉동실에 넣으면 온도는 어떻게 확인해요?"

"2분마다 냉동실을 열고 온도계를 확인하면 되지."

장하다의 상식 사전

올리브유 올리브나무 열매를 짜서 얻은 기름이야. 식용유 중에서 고급에 속하고, 요리할 때 많이 사용해.

용선생의 과학 현미경

유리로 된 알코올 온도계는 냉동실에서 깨질 염려가 있어서 디지털 온도계를 사용하는 게 좋아.

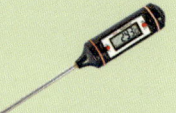
디지털 온도계

"네! 저희가 순서를 정해서 확인할게요. 어떻게 온도가 변할지 궁금해요."

아이들은 시간에 맞춰 열심히 물의 온도를 확인하고 결과를 기록했다.

"물의 온도가 내려가다가 물이 얼기 시작할 때 0℃가 되었어요."

"그렇지. 온도가 어떻게 변하는지 계속 지켜보자고."

"어라? 물이 모두 얼 때까지 0℃로 일정하게 유지되었어요!"

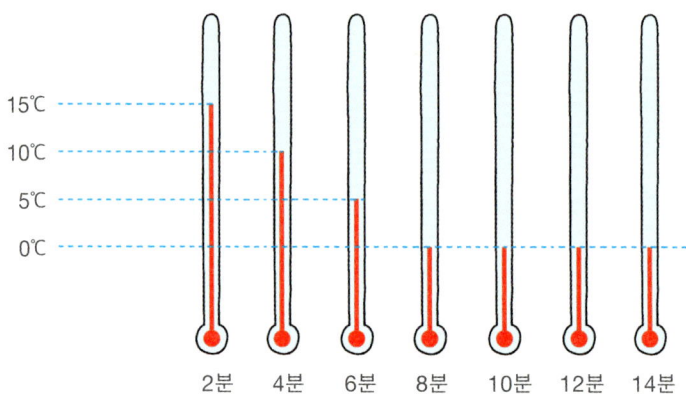

▲ 물이 얼 때 온도 변화

"선생님! 이번에도 온도계가 고장 난 건 아니죠?"

"하하, 물론 고장 난 건 아니야. 0℃로 유지되는 8분부터가 물이 어는 시간이야. 너희들 지난 수업에서 물이 끓는 동안 온도가 100℃로 일정하게 유지되었던 거 기억나지?"

"네! 그래서 물의 끓는점이 100℃라고 하셨죠."

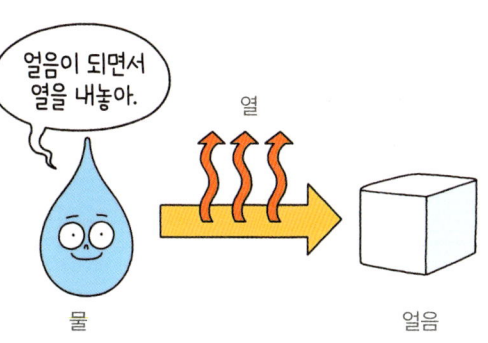

"물이 얼 때에도 마찬가지로 온도가 일정하게 유지돼. 물을 냉동실에 넣으면 물이 주위로 열을 빼앗겨 온도가 낮아지다가, 물이 얼음으로 변하는 동안에는 물에서 추가로 열이 생겨나. 주위에 열을 빼앗겨도 물이 얼면서 열이 생기니까 온도가 변하지 않고 일정하게 유지되지."

"우아! 신기해요. 그럼 다른 액체도 어는 동안 온도가 일정하게 유지돼요?"

"응. 모든 액체는 어는 동안 온도가 일정하게 유지돼. 액체 물질이 어는 동안 일정하게 유지되는 온도를 '어는점'이라고 하지. 자, 물의 어는점은 몇 ℃일까?"

용선생의 질문에 아이들이 입을 모아 답했다.

"0℃요!"

"그렇지. 물이 얼 때 0℃로 온도가 일정하게 유지되니까 물의 어는점은 0℃란다. 너희가 방금 측정한 물의 온도 변화를 꺾은선 그래프로 그려 보면 이 사실을 한눈에 알 수 있어."

용선생이 칠판에 꺾은선 그래프를 그렸다.

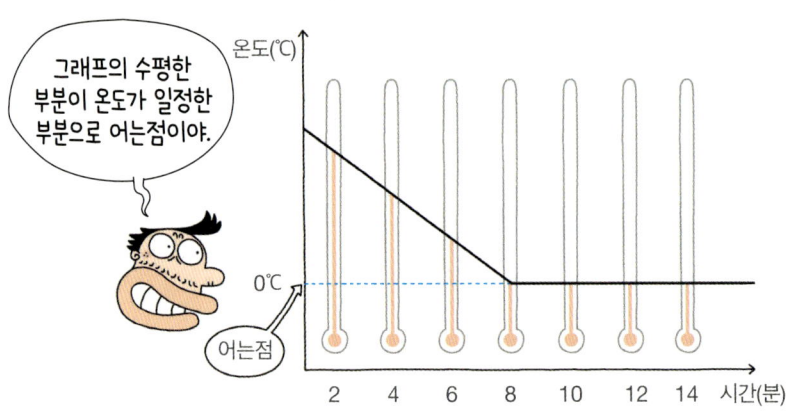

▲ 시간에 따른 물의 온도 변화

"역시 꺾은선 그래프로 보니 한눈에 알 수 있네요."

"좋아. 물의 어는점을 알아보았으니 이제 올리브유의 어는점을 알아볼까?"

"네. 얼른 알아봐요."

액체 물질이 어는 동안 일정하게 유지되는 온도를 어는점이라고 해. 물의 어는점은 0℃야.

 **식용유의 어는점을 찾아라!**

"하다가 가져온 사진에서 본 것처럼 올리브유도 얼어. 사

실 모든 액체는 온도를 낮추면 언단다."

"그럼 올리브유를 얼려 봐요. 어는점을 빨리 확인하고 싶단 말이에요."

장하다가 용선생에게 조르듯 말했다.

"하하! 그럴 줄 알고 너희가 물을 얼리는 동안 내가 식용유로 많이 쓰이는 콩기름과 올리브유를 냉장실에 넣어놨지. 둘의 어는점을 비교하려고 말이야."

"냉장실이요? 냉장실은 온도가 몇 ℃인데요?"

"5℃ 정도이지."

"0℃보다 높은데 콩기름이나 올리브유가 얼어요?"

왕수재의 말에 용선생은 냉장실 문을 열면서 말했다.

"과연 어떨지 확인해 보자고."

아이들이 몰려와 콩기름과 올리브유를 보더니 말했다.

"선생님! 콩기름은 그대로인데 올리브유는 얼어서 뿌옇게 변했어요."

▲ 콩기름　　▲ 올리브유　　▲ 콩기름　　▲ 올리브유

"그렇지? 왜 올리브유만 얼었는지 생각해 볼래? 힌트를 주자면 어는점하고 관련이 있어."

나선애가 곰곰이 생각하다가 말했다.

"혹시 올리브유의 어는점이 5℃보다 높나요?"

용선생이 손뼉을 딱 치며 말했다.

"선애가 어는점을 정확하게 이해했구나. 올리브유는 어는점이 8℃ 정도이고 콩기름은 어는점이 영하 13℃ 정도야. 그래서 5℃인 냉장실에서 올리브유만 언 거지."

"그럼 냉동실 온도를 영하 15℃에 맞추고 콩기름을 넣으면 콩기름도 얼겠네요?"

"그렇지. 이제 또 다른 물질들의 어는점도 알아보자. 너희 철의 어는점이 1538℃라는 거 아니?"

아이들이 깜짝 놀라 말했다.

"헉! 1538℃요? 그렇게 높은 온도에서도 얼어요?"

나는 8℃면 얼어 버려.

올리브유

▼ 액체에서 고체가 되는 철

"하하! 다시 한번 말하지만 언다는 것은 액체가 고체가 된다는 뜻이야. 언다고 해서 모두 얼음처럼 차가워지는 건 아니란다. 1538℃보다 높은 온도에서 철은 액체 상태야. 액체 상태인 철은 서서히 식다가 1538℃가 되면 얼어서 고체로 변하기 시작하지."

"우리가 보는 철이 얼어 있는 상태였다니, 신기하네요."

용선생은 씩 웃으며 설명을 이었다.

"지금까지 알아본 물, 콩기름, 올리브유, 철의 어는점이 모두 다르듯이 물질의 종류에 따라 어는점은 모두 다르단다. 따라서 어는점은 물질의 특성이고, 물질을 구별할 때 사용할 수 있어."

그러자 왕수재가 손을 들고 말했다.

"선생님! 궁금한 게 생겼어요. 철은 몇 ℃에서 녹아요?"

"이야! 아주 좋은 질문이야. 지금부터 알아보자고!"

물, 콩기름, 올리브유, 철의 어는점은 서로 달라. 이처럼 어는점은 물질의 종류에 따라 다르므로 물질의 특성이야.

어는점과 녹는점의 관계는?

"철이 녹는 온도를 알아보기 전에 얼음이 녹는 온도를 먼저 측정해 보자. 그러면 철이 녹는 온도를 쉽게 알 수 있을 거야."

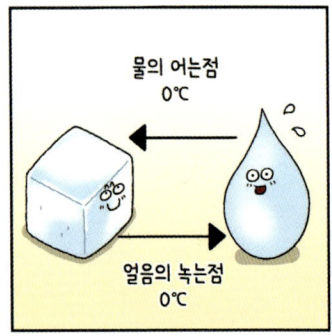
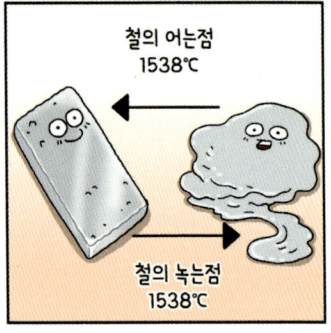

아이들이 고개를 갸우뚱하며 말했다.

"얼음이 녹는 온도를 측정하면 철이 녹는 온도를 알 수 있다고요?"

"하하, 믿기 어렵겠지만 사실이란다. 일단 얼음을 가열하면서 녹는 온도를 측정해 볼까?"

"네, 좋아요."

"지금 얼음의 온도는 영하 10℃야. 얼음이 녹으면서 온도가 어떻게 변하는지 지켜보렴."

온도 측정이 끝나자 왕수재가 말했다.

"선생님, 온도가 영하 10℃에서 높아지다가 얼음이 녹기 시작하니까 0℃로 일정하게 유지돼요."

"잘했어. 이렇게 얼음과 같은 고체 물질이 녹는 동안 일정하게 유지되는 온도를 '녹는점'이라고 해. 그럼 얼음의

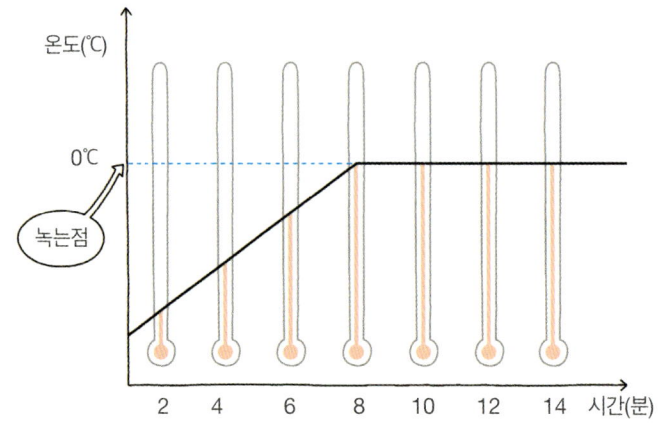

▲ **시간에 따른 얼음의 온도 변화** 얼음에 가해준 열은 얼음이 물로 변하는 데 이용되기 때문에 얼음이 녹는 동안에는 온도가 일정하게 유지돼.

녹는점은 몇 ℃일까?"

"0℃요."

그때 허영심이 무언가 떠오른 듯 말했다.

"어? 물의 어는점도 0℃였는데요?"

"하하, 맞아. 얼음의 녹는점도 0℃이고, 물의 어는점도 0℃야! 이처럼 같은 종류의 물질은 어는점과 녹는점이 같단다."

"아하! 그래서 철이 녹는 온도를 알기 전에 얼음이 녹는 온도를 알아보자고 하셨군요?"

"그렇지. 그럼 철의 녹는점은 몇 ℃일까?"

"철의 어는점이 1538℃이니까 녹는점도 1538℃예요."

"이제 녹는점과 어는점의 관계를 잘 알겠지?"

"네, 같은 물질의 녹는점과 어는점은 같다! 맞죠?"

"그리고 한 가지 더! 녹는점도 어는점처럼 물질의 특성이란다. 그럼 오늘 수업은 여기까지!"

 용선생의 과학 현미경

어는점과 녹는점은 모두 물질의 특성이기 때문에 끓는점과 마찬가지로 물질의 양이 늘거나 줄어도 변하지 않아.

 핵심정리

고체 물질이 녹는 동안 일정하게 유지되는 온도를 녹는점이라고 해. 같은 종류의 물질은 녹는점과 어는점이 같아. 녹는점도 어는점처럼 물질의 특성이야.

나선애의 정리노트

1. 어는점
① ⓐ [　　] 상태의 물질이 어는 동안 일정하게 유지되는 온도
② 물의 어는점은 ⓑ [　] °C임.
③ 물질의 종류에 따라 어는점이 다르므로 물질의 ⓒ [　　] 임.

2. 녹는점
① 고체 상태의 물질이 녹는 동안 일정하게 유지되는 온도
② 물(얼음)의 녹는점은 ⓓ [　] °C임.
③ 같은 종류의 물질은 녹는점과 어는점이 같음.
④ 물질의 종류에 따라 녹는점이 다르므로 물질의 ⓔ [　　] 임.

과학퀴즈 달인을 찾아라!

●정답은 115쪽에

01

친구들이 이번 시간에 배운 내용에 대해 이야기하고 있어. 옳으면 O, 옳지 않으면 X를 표시해 줘.

① 물은 어는 동안 온도가 계속 내려가. (   )
② 물이 얼기 시작하는 온도와 얼음이 녹기 시작하는 온도는 같아. (   )
③ 녹는점은 물질의 종류에 따라 달라. (   )

02

다음 보기 의 ○○ 속에 들어갈 낱말들이 아래 네모칸에 숨어 있어. 가로, 세로 혹은 대각선으로 연결해서 알맞은 말을 찾아봐.

> 보기
> ① 물질의 어는점과 ○○점은 같아.
> ② ○○의 녹는점은 0℃야.
> ③ 어는점과 녹는점은 모두 물질의 ○○이야.

얼	음	녹
특	불	는
질	성	어

https://cafe.naver.com/yongyong

용선생의 과학 카페

과학계의 핵인싸.
용선생의 과학 카페에
오신 걸 환영합니다.

Log in

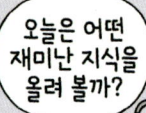

MENU
- 물리면 아프다
- 화학이 화하하
- 생물 오징어
- 지구는 둥글다

눈길에 뿌리는 하얀 가루의 정체는?

추운 겨울에 눈이 내리면 길에 눈이 쌓여 사람이나 자동차가 미끄러지기 쉬워. 예전에는 사람이나 자동차가 미끄러지지 않게 하려고 길에 모래를 뿌리기도 했지만, 요즘에는 모래 대신 하얀 가루를 뿌리지. 하얀 가루의 정체는 바로 염화 칼슘이야.

▲ 눈이 쌓인 도로에 염화 칼슘을 뿌리는 모습

염화 칼슘은 물기를 아주 잘 빨아들이는 성질이 있어. 그래서 습기를 없애는 제습제로도 쓰이지. 눈에 염화 칼슘을 뿌리면 염화 칼슘은 눈 위에 있는 아주 적은 양의 물도 빨아들여 거기에 녹으면서 열을 발생시켜. 열이 발생하면 눈이 더 많이 녹아 물이 되고, 물이 많아지면 염화 칼슘이 더 많이 녹으며 열을 더 발생시키지. 이러한 과정이 반복되면서 눈이 녹는 거야.

▲ 염화 칼슘

▲ 염화 칼슘을 뿌린 도로 염화 칼슘을 뿌린 곳은 눈이 모두 녹았어.

염화 칼슘이 녹은 물은 순수한 물보다 어는점이 매우 낮아서 추운 날씨에 다시 얼지 않아. 이러한 까닭으로 눈이 올 때 길에 염화 칼슘을 뿌리는 거야.

하지만 염화 칼슘을 많이 쓰면 나쁜 점도 있어. 염화 칼슘이 녹은 물은 자동차를 쉽게 녹슬게 하고, 아스팔트를 약하게 만들거든. 따라서 염화 칼슘은 꼭 필요한 양만큼만 적절히 사용하는 게 좋아.

뭐든 적당한 게 좋구나!

COMMENTS

- 하얀 가루가 염화 칼슘이었구나.
  ㄴ 밀가루도 비슷하게 생겼으니까 눈 위에 뿌려 볼까?
  ㄴ 쌀가루도 될 거 같은데. 헤헤
  ㄴ 먹는 걸로 장난치면 혼날걸?

- 장하다의 오답을 피하는 방법
- 나선애의 야무진 실험실
- 왕수재의 아는 척 과학교실
- 허영심의 별 헤는 밤
- 곽두기의 빅뱅 따라잡기

4교시 | 밀도

무거우면 물에 가라앉을까?

우아, 이곳은 수박 천국인가 봐요.

근데 수박이 물에 떠 있네.

과학실로 들어선 아이들이 물에 담겨 있는 수박과 포도를 발견했다.

"이야! 맛있겠다. 선생님, 웬 과일이에요? 과일 파티라도 여시게요?"

용선생이 빙긋 웃으며 말했다.

"여름을 시원하게 보내라고 수박과 포도를 준비했지."

아이들이 물에서 과일을 막 꺼내려는데, 나선애가 아이들을 말리며 말했다.

"잠깐! 근데 왜 수박은 물에 떠 있고, 포도알은 가라앉아 있지?"

"어? 그러게. 수박이 더 무거우니까 가라앉아야 하는 거 아닌가?"

"와, 선애가 중요한 사실을 발견했구나. 오늘은 물에 뜨는 것과 가라앉는 것의 비밀을 파헤쳐 볼까?"

수박이 물에 뜨는 까닭을 알려면?

"물에 뜨는 것과 가라앉는 것이요?"

"그래. 수박과 포도알 대신 수박처럼 커다란 나무토막과 포도알처럼 작은 돌멩이를 생각해 보자. 둘을 동시에 물에 넣으면 어떻게 될까? 경험을 잘 떠올려 봐."

"나무토막은 물에 뜨고, 돌멩이는 물에 가라앉아요."

"맞아요. 나무는 커다란 뗏목을 만들어도 물에 잘만 뜨는데, 돌멩이는 크든 작든 무조건 물에 가라앉아요."

용선생은 흐뭇한 표정을 지으며 설명을 시작했다.

▲ 뗏목

"그러니까 나무는 물에 뜨는 성질이 있고, 돌멩이는 물에 가라앉는 성질이 있다고 할 수 있겠지? 이처럼 물질의 종류에 따라 물에 뜨는 것은 늘 뜨고, 가라앉는 건 늘 가라앉아. 바로 물질의 밀도 때문이지."

"네? 밀도가 뭐예요?"

▲ 돌멩이

"하하, 밀도가 뭔지 궁금하지? 그런데 밀도가 뭔지 알려면 먼저 알아야 할 게 있어. 바로 부피와 질량이야. 알아야 할 것이 많으니 차근차근 하나씩 알아보자."

"네, 좋아요."

"부피부터 시작해 보자. 부피는 물질이 차지하는 공간의 크기를 말해."

"음…… 공간의 크기요?"

"예를 들어 볼게. 여기 작은 주사위와 큰 주사위 중에 어떤 것이 공간을 더 많이 차지할까?"

"그야 큰 주사위죠."

"맞았어. 큰 주사위가 작은 주사위보다 차지하는 공간이 더 커. 따라서 큰 주사위의 부피가 더 큰 것이지."

"생각보다 간단하네요. 헤헤."

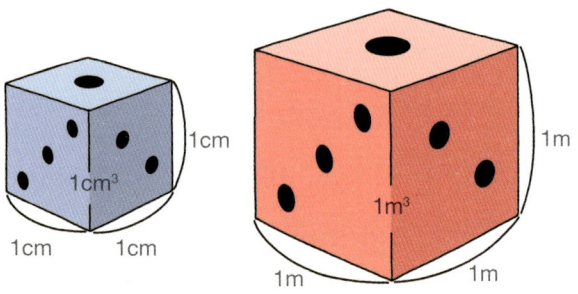

"부피의 단위로는 cm^3(세제곱센티미터)나 m^3(세제곱미터)

가 있어. 1cm³는 가로, 세로, 높이의 길이가 각각 1cm인 정육면체의 부피를 나타내지. 또 1m³은 가로, 세로, 높이의 길이가 각각 1m인 정육면체의 부피를 나타내."

아이들이 고개를 끄덕이자 용선생이 설명을 이었다.

"액체의 부피는 주로 mL(밀리리터), L(리터)라는 단위를 써. 1L는 1,000mL이고, 1,000cm³와 같은 부피란다."

"우유나 주스 통에서 L 자를 많이 봤어요. 그게 부피의 단위였군요."

"맞아! 관찰력이 아주 좋구나."

용선생은 곽두기의 머리를 쓰다듬으며 말했다.

"그럼 이제 질량에 대해 알아볼까? 질량은 물질이 가지는 고유한 양을 말해. 물질의 질량은 측정하는 장소가 달라져도 그 값이 변하지 않지. 질량의 단위로는 g(그램)이나 kg(킬로그램)이 있어."

용선생은 잠시 숨을 돌리고는 목소리를 높여 말했다.

"한 가지 질문을 해 볼까? 물질의 특성은 그 물질만 가진 고유한 성질이라고 했어. 그럼 부피와 질량은 물질의 특성일까, 아닐까?"

아이들은 잠시 생각에 잠겼다.

"음…… 아닐 것 같아요. 500mL짜리 우유랑 500mL짜

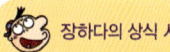

장하다의 상식 사전

정육면체 사각기둥의 한 종류로, 6개의 면이 모두 크기가 같은 정사각형으로 이루어진 입체 도형을 말해.

용선생의 과학 현미경

일상생활에서는 무게와 질량의 단위를 혼동해서 사용하기도 해. 하지만 무게와 질량은 엄연히 달라. 무게는 중력이 물질을 끌어당기는 힘으로, 장소에 따라 중력의 크기가 달라지면 무게도 달라져. 달에서는 지구에서보다 몸무게가 적게 나가는 것처럼 말이야.

용선생의 과학 현미경

부피와 질량을 측정하려면?

부피 측정

- **액체:** 눈금실린더로 쉽게 측정할 수 있어. 눈금실린더에 액체를 넣은 다음 부피에 해당하는 눈금의 숫자를 읽으면 되지.
- **모양이 규칙적인 고체:** 주사위와 같이 모양이 규칙적인 고체는 부피를 구하는 공식을 이용하면 돼. 예를 들어, 주사위는 정육면체이기 때문에 가로, 세로, 높이의 길이를 곱하면 부피를 구할 수 있어.
- **모양이 불규칙한 고체:** 돌멩이처럼 모양이 규칙적이지 않은 고체는 물과 눈금실린더를 이용해. 물이 들어 있는 눈금실린더에 돌멩이를 넣으면 돌멩이의 부피만큼 수면이 올라가. 이때 올라간 눈금에서 원래의 눈금을 뺀 숫자가 바로 돌멩이의 부피야.

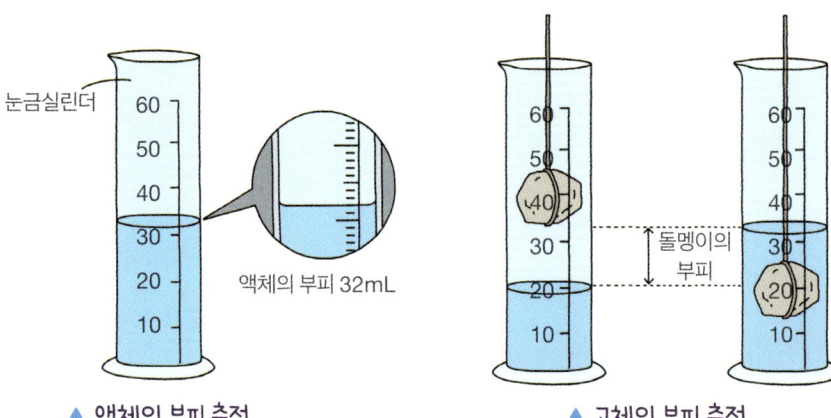

▲ 액체의 부피 측정　　　▲ 고체의 부피 측정

질량 측정

질량은 윗접시저울을 이용해 측정할 수 있어. 윗접시저울 한쪽에 측정하려는 물질을 올려놓고, 다른 한쪽에 분동을 올려서 수평을 맞춰. 수평이 딱 맞았을 때 올려놓은 분동의 질량을 모두 더하면 물질의 질량이 돼.

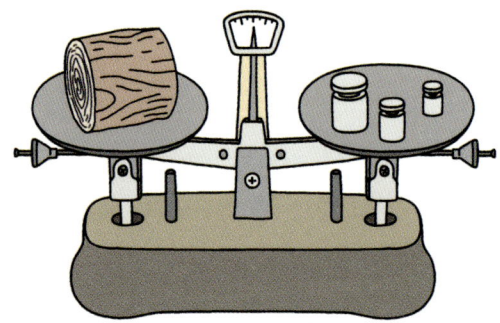

리 물은 부피가 같지만 다른 물질이잖아요."

"그렇지. 부피나 질량이 같다고 해도 다른 물질일 수 있고, 같은 물질이라도 부피나 질량이 다를 수 있어. 따라서 부피와 질량은 물질의 특성이 아니야."

"그렇죠. 제 말이 그 말이에요."

"물질의 부피와 질량을 알아보았으니 이제 밀도에 대해 알아볼까?"

"네, 좋아요!"

> **핵심정리**
>
> 물질이 차지하는 공간의 크기를 부피라고 하고, 물질이 가지는 고유의 양을 질량이라고 해. 부피와 질량은 물질의 특성이 아니야.

 ## 밀도의 정체를 밝혀라!

"방금 부피와 질량은 물질의 특성이 아니라고 했지? 그런데 이 세상 모든 물질의 부피를 $1cm^3$나 $1m^3$ 등으로 같게 하여 질량을 비교하면 물질마다 그 값이 달라서 물질의 특성이 될 수 있어. 이처럼 여러 가지 물질의 부피를 같

게 했을 때의 질량이 바로 밀도야."

"드디어 밀도의 정체가 밝혀졌네요! 밀도가 물질의 특성이란 말이죠?"

"그런데 어떻게 물질의 부피를 같게 해요?"

"그건 밀도를 구하면서 알아보자. 밀도는 물질의 부피를 $1cm^3$나 $1m^3$ 등으로 같게 하는 거라고 했지? 예를 들어 볼게. 부피가 $4cm^3$이고, 질량이 8g인 물질이 있어. 이 물질에서 부피 $1cm^3$에 해당하는 질량은 얼마일까?"

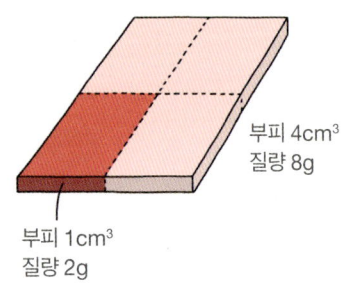

부피 $4cm^3$
질량 8g

부피 $1cm^3$
질량 2g

"부피가 $4cm^3$이니까 8g을 넷으로 똑같이 나누면…… 2g이네요."

"맞아. 그러니까 질량 8g을 부피 $4cm^3$로 나눈 셈이지? 따라서 밀도를 구하려면 질량÷부피를 하면 된단다."

밀도 = 질량 ÷ 부피

"오호, 그렇군요."

"밀도의 단위도 질량의 단위를 부피의 단위로 나누면 돼. 질량의 단위 g을 부피의 단위 cm^3로 나누어, g/cm^3(그램 퍼 세제곱센티미터)와 같은 식으로 나타내지."

"윽, 머릿속이 복잡해지는 것 같아요. 이제 물에 뜨고 가

용선생의 과학 현미경
퍼는 나눈다는 뜻이야.

라앉는 거랑 밀도가 어떤 관계인지 알려 주세요."

"하하, 좋아. 밀도에 따라 물에 뜨고 가라앉는 게 어떻게 달라지는지 알아보자. 선생님이 나무토막, 돌멩이, 물의 질량과 부피를 재고 밀도까지 계산해 두었어."

질량: 50g
부피: 100cm³
밀도: 50÷100=0.5g/cm³

질량: 120g
부피: 40cm³
밀도: 120÷40=3g/cm³

질량: 100g
부피: 100cm³
밀도: 100÷100=1g/cm³

"선생님, 나무토막은 물보다 밀도가 작고, 돌멩이는 물보다 밀도가 커요!"

"그래! 나무토막은 물보다 밀도가 작아서 물에 뜨고, 돌멩이는 물보다 밀도가 커서 물에 가라앉아. 이처럼 물질의 무게와 상관없이 밀도가 작은 물질은 밀도가 큰 물질 위에 뜬단다."

"아하! 어떤 물질이든 밀도만 알면 물에 뜨는지 가라앉는지 알 수 있겠네요."

"그래. 이제 수박이 물에 뜨고 포도알이 물에 가라앉는 까닭도 알겠지?"

"네, 수박은 물보다 밀도가 작고, 포도알은 물보다 밀도

가 크기 때문이에요."

"하하, 밀도에 대해서 확실히 이해했구나!"

핵심정리

밀도는 여러 가지 물질의 부피를 같게 했을 때의 질량으로, 질량÷부피로 구할 수 있어. 밀도가 작은 물질은 밀도가 큰 물질 위에 떠.

고무찰흙을 물에 띄우려면?

"앞에서 말했듯이 밀도는 물질의 종류에 따라 달라지는 물질의 특성이야. 여러 가지 물질들의 밀도를 간단히 살펴보자."

액체	밀도(g/cm³)	고체	밀도(g/cm³)
에탄올	0.8	철	7.9
물	1.0	납	11.3
글리세린	1.3	금	19.3

▲ **여러 가지 물질의 밀도**

"정말 밀도가 같은 물질이 하나도 없네요."

"그렇지? 표에 나와 있듯이 물의 밀도는 1g/cm³야. 에탄올, 글리세린 같은 액체는 물과 밀도가 비슷하지만 조금씩 차이가 있어. 또 철, 납, 금 같은 고체는 물보다 밀도가 훨씬 크지."

"오호, 그러네요."

"너희 물과 기름이 섞이지 않는다는 건 알지? 자, 물이 들어 있는 컵에 식용유를 부으면 어떻게 될까?"

"기름은 물 위에 뜨잖아요. 그러니까 식용유가 위에, 물이 아래에 있겠죠."

"그렇지. 그러면 물과 식용유의 밀도를 비교해서 말해 볼래?"

"물의 밀도가 식용유의 밀도보다 커요."

"맞았어. 이런 식으로 물질이 뜨고 가라앉는 현상을 밀도로 설명할 수 있단다."

이때 곰곰이 생각에 잠겨 있던 나선애가 손을 들었다.

"선생님! 얼음물을 보면 얼음이 물 위에 동동 뜨던데, 이것도 밀도와 관련이 있어요?"

"좋은 질문이야! 물론 그것도 밀도와 관련이 있지. 물은 얼면서 부피가 커지는 성질이 있어. 이때 질량은 그대로인데, 부피는 커지기 때문에 얼음의 밀도가 물보다 작아진단다. 그래서 얼음이 물 위에 뜨는 거야."

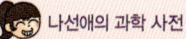

나선애의 과학 사전

글리세린 투명하고 냄새가 없으며 매우 걸쭉한 액체로, 화장품이나 비누를 만들 때 많이 사용해.

▲ 물과 기름

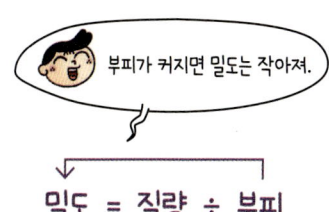

부피가 커지면 밀도는 작아져.

밀도 = 질량 ÷ 부피

장하다도 무언가 생각났다는 듯 번쩍 손을 들었다.

"선생님, 저도 궁금한 게 있어요. 배는 철로 만들죠?"

"그렇지. 근데 왜?"

"표를 보면 철은 물보다 밀도가 큰데, 철로 만든 배가 어떻게 물 위에 뜰 수 있어요?"

용선생은 씩 웃으며 주머니에서 고무찰흙을 꺼냈다.

"이 고무찰흙을 뭉쳐서 물에 넣으면 어떻게 될까?"

"당연히 물에 가라앉죠! 그건 많이 해 봐서 알아요."

"맞아. 그럼 고무찰흙 가운데를 오목하게 해서 배 모양을 만들면……?"

"어라? 고무찰흙 배가 물 위에 떴어요!"

"하하! 고무찰흙은 물보다 밀도가 커서 그대로 물에 넣

▲ 고무찰흙은 물보다 밀도가 크지만 배 모양으로 만들면 물에 떠.

으면 가라앉아. 하지만 고무찰흙을 배 모양으로 만들면 질량은 그대로이고, 부피는 늘어나는 셈이야."

"부피가 늘어난다고요?"

"응. 배 안쪽에 오목하게 패인 부분까지 부피에 포함돼서 전체 부피가 커져. 질량은 그대로인데 부피가 커졌으니 배 전체의 밀도는 물보다 작아질 수 있어. 그래서 고무찰흙 배가 물 위에 뜨는 거야."

▲ 철로 만든 배가 물에 뜨는 까닭

"아하! 철로 만든 배도 질량은 그대로인데 부피가 커져서 물보다 밀도가 작아진 거군요? 그래서 물 위에 뜨고요."

"맞아, 잘 이해했구나!"

그때 장하다가 교탁 쪽으로 살금살금 다가와 말했다.

"선생님, 밀도는 충분히 알았으니까 빨리 과일 나눠 먹어요. 물보다 밀도가 작은 수박이 먹고 싶단 말이에요!"

"하하, 좋았어! 지금부터 간식 타임 시작!"

핵심정리

밀도는 물질의 특성이야. 밀도를 이용해 물질이 뜨고 가라앉는 현상을 설명할 수 있어. 물보다 밀도가 큰 물질이라도 오목한 배 모양으로 만들어 전체 부피를 크게 하면 전체 밀도가 물보다 작아져서 물에 뜰 수 있어.

나선애의 정리노트

1. 부피와 질량
① 부피: 물질이 차지하는 ⓐ☐ 의 크기
  - 단위: cm^3, m^3, mL, L 등
② 질량: 물질이 가지는 고유의 양
  - 단위: g, kg 등
③ 부피와 질량은 물질의 특성이 아님.

2. 밀도
① 여러 가지 물질의 ⓑ☐ 를 같게 했을 때의 ⓒ☐
  - 물질마다 다른 물질의 특성임.
② 구하는 법: 밀도 = 질량÷부피
  - 단위: g/cm^3 등
③ 밀도가 ⓓ☐ 물질은 밀도가 ⓔ☐ 물질 위에 뜸.

물보다 밀도가 작음.

물보다 밀도가 큼.

ⓐ 공간 ⓑ 부피 ⓒ 질량 ⓓ 작은 ⓔ 큰

 # 과학퀴즈 🧪 달인을 찾아라!

●정답은 115쪽에

01

친구들이 이번 시간에 배운 내용에 대해 이야기하고 있어. 옳으면 O, 옳지 않으면 X를 표시해 줘.

① 무거운 물질은 항상 물 아래로 가라앉아. (   )
② 밀도가 큰 물질은 밀도가 작은 물질 위에 떠. (   )
③ 기름은 물보다 밀도가 작아서 물 위에 떠. (   )

02

곽두기가 방탈출 게임을 하고 있어. 보기의 괄호 안에 들어갈 말들을 순서대로 찾아야 탈출할 수 있대. 곽두기가 방을 나갈 수 있게 도와주자.

> 보기
>
> 밀도는 물질의 특성으로, (   )을 (   )로 나누어 구할 수 있어. 나무는 물보다 밀도가 (   ) 물에 떠.

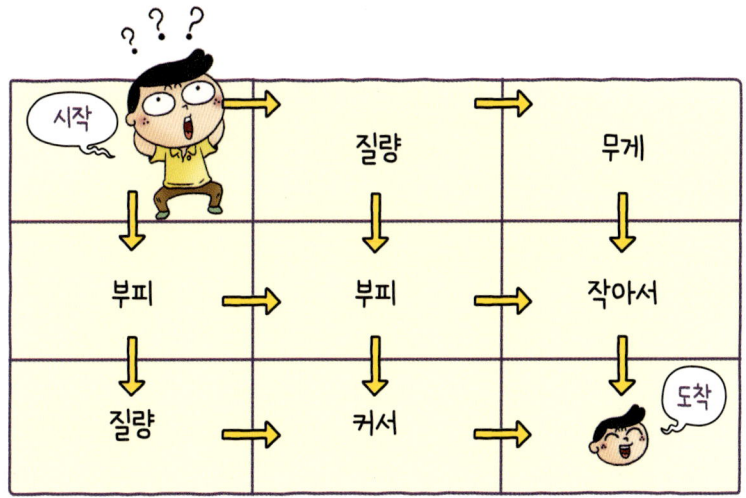

| 용선생의 과학 카페 | 용선생의 한국사 카페 | 용선생의 세계사 카페 |

https://cafe.naver.com/yongyong

용선생의 과학 카페

과학계의 핵인싸.
용선생의 과학 카페에
오신 걸 환영합니다.

Log in

MENU

물리면 아프다
화학이 화하하
생물 오징어
지구는 둥글다

잠수함이 물에 뜨고 가라앉는 원리는?

1775년 미국의 버쉬넬이라는 사람이 최초의 잠수함을 발명했어. 당시 미국은 영국에서 독립하기 위해 전쟁을 치르고 있었어. 버쉬넬은 만약 물속에서 움직이는 배가 있다면 영국군의 배를 효과적으로 물리칠 수 있겠다고 생각했지.

그러던 어느 날, 버쉬넬은 바닷가에서 물이 약간 들어 있는 나무통이 파도에 밀려 물에 떴다 가라앉았다 하는 것을 발견했어. 그는 나무통에 물을 넣으면 물속으로 가라앉고, 물을 빼면 물 위로 뜨겠다는 생각을 떠올렸지. 버쉬넬의 예상은 그대로 적중했고, 실제 1인용 잠수함을 완성했어.

 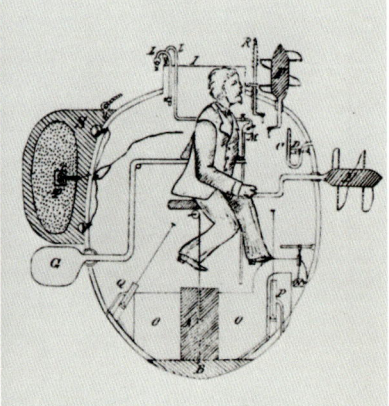

▲ 버쉬넬의 잠수함

이러한 잠수함의 원리는 밀도와 관련이 있어. 밀도는 '질량÷부피'로 구하는데, 잠수함에 물을 채우면 부피는 그대로이고 질량만 커져서 밀도가 커져. 반대로, 잠수함에서 물을 빼면 질량이 작아져서 밀도가 작아지지. 이런 식으로 물을 넣고 빼면서 밀도를 물보다 크거나 작게 조절해 물에 가라앉거나 뜰 수 있어.

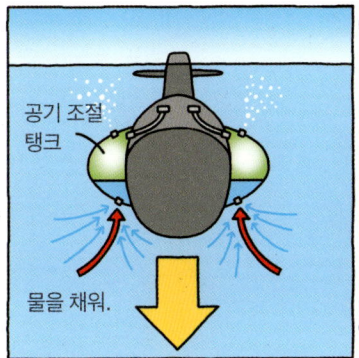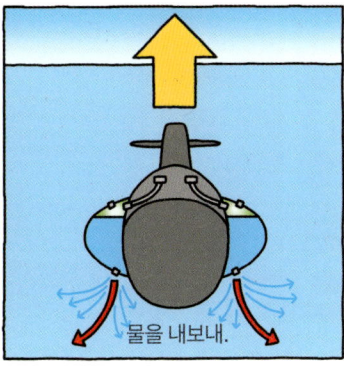

▲ 잠수함의 원리

오늘날 사용하는 잠수함에도 이러한 원리가 그대로 적용되었어. 잠수함이 가라앉을 때에는 잠수함 안에 있던 공기를 밖으로 빼내고, 물을 들여보내서 물보다 밀도를 크게 해. 반대로 잠수함이 뜰 때에는 압축해 놓은 공기를 잠수함 안에 채우고, 물을 밖으로 빼내서 물보다 밀도를 작게 하지. 이처럼 잠수함은 공기와 물을 넣었다 뺐다 하며 밀도를 자유자재로 조절할 수 있어.

- 장하다의 오답을 피하는 방법
- 나선애의 야무진 실험실
- 왕수재의 아는 척 과학교실
- 허영심의 별 헤는 밤
- 곽두기의 빅뱅 따라잡기

▲ 우리나라 해군의 잠수함인 이순신함

COMMENTS

- 나도 앞으로 잠수할 때 몸에서 공기를 빼내야겠어.
  - 몸에서 공기를 어떻게 빼?
  - 보나마나 방귀 뀐다는 얘기겠지.
  - 헉! 들켰다.

5교시 | 용해도

어느 것이 더 많이 녹을까?

가루 두 개가 비슷하게 생겼어.

하나는 설탕이고, 하나는 소금이래.

"하다야! 선애야! 설탕하고 소금 가지고 뭐 하고 있니?"

용선생이 과학실로 들어서며 말했다.

"어, 선생님 오셨어요? 그게요……. 저는 물에 설탕이 더 많이 녹을 것 같은데, 선애는 소금이 더 많이 녹을 거라잖아요!"

"그래서 직접 실험으로 확인해 보려고요."

"하하! 정확하게 실험으로 알아보려는 자세가 아주 보기 좋구나. 하지만 그 전에 선생님 허락을 받았다면 더 좋았겠지?"

"헤헤, 죄송해요."

장하다와 나선애가 머리를 긁적였다.

"그럼 설탕이랑 소금 중에 어떤 게 물에 많이 녹는지 함께 알아봐요."

가루 물질은 모두 물에 녹을까?

"좋아. 먼저 선생님이 한 가지 물어볼게."

"뭔데요?"

"설탕, 소금, 미숫가루 같은 가루 물질을 물에 넣으면 모두 녹을까?"

"그럼요! 가루 물질은 대부분 물에 녹던데요?"

"그래? 진짜 그런지 지금부터 알아보자. 이 가루 물질들을 물에 넣고 잘 저어서 어떻게 되는지 확인해 봐."

"좋아요."

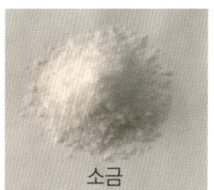

아이들은 가루를 하나씩 맡아서 물에 넣은 후 열심히 저었다.

"이제 각자 만든 용액을 모아서 자세히 살펴볼까?"

"용액이요? 그게 뭐예요?"

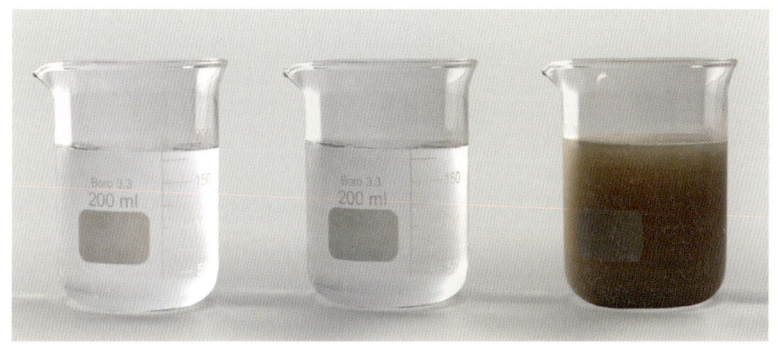

▲ 설탕물   ▲ 소금물   ▲ 미숫가루 물

"참, 그것부터 알아봐야지! 설탕이 물에 녹아 설탕물이 될 때 물에 녹는 설탕은 '용질', 설탕을 녹이는 물은 '용매'라고 해. 또 녹는 물질이 녹이는 물질에 골고루 섞여 있는 물질을 '용액'이라고 하지."

"아하! 그럼 설탕물이 용액이군요."

"응. 설탕이 물에 녹아 설탕물이 되는 것처럼 한 물질이 다른 물질에 녹아 골고루 섞이는 현상을 '용해'라고 한다는 것도 알아둬."

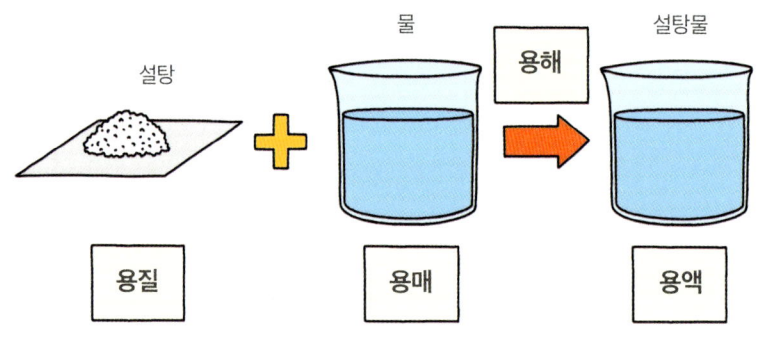

"용질, 용매, 용액, 용해…… '용' 자가 너무 많아요."

"하하! 모두 '녹일 용(溶)' 자를 써서 그래. 그렇다면 소금이 물에 용해될 때 용질, 용매, 용액은 각각 무엇일까?"

"소금은 용질, 물은 용매, 소금물은 용액이에요."

나선애가 얼른 대답하자 왕수재도 앞으로 나서며 말했다.

"그러면 미숫가루가 물에 녹는 것도 용해, 미숫가루는 용질, 물은 용매, 미숫가루 물은 용액이죠?"

"아쉽게도 미숫가루 물은 용액이 아니란다."

"네? 왜요? 미숫가루도 물에 잘 녹는 거 같던데요!"

"자, 설탕물과 미숫가루 물을 비교해 볼까? 용액이 되려면 용질과 용매가 골고루 섞여야 해. 용액에서 용질은 눈에 보이지 않을 정도로 작게 나누어져서 용매와 골고루 섞이지. 그래서 용액을 돋보기나 현미경으로 보아도 용질 알갱이가 보이지 않아. 여기 보렴. 설탕물은 알갱이가 없지만, 미숫가루 물은 알갱이가 보이지?"

"어? 정말 그러네요."

"또 설탕물은 시간이 지나도 바닥에 가라앉는 게 없지만, 미숫가루는 벌써 바닥에 가라앉기 시작했어. 이건 미숫가루가 용매인 물에 섞일 때 눈에 보이지 않을 정도로

설탕물　　　　　미숫가루 물

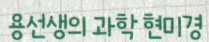 용선생의 과학 현미경

물에 녹은 설탕은 어디로 갔을까?

설탕이 물에 녹으면 눈에 보이지 않아. 설탕이 사라진 걸까? 설탕물의 맛을 보면 달달한 설탕의 맛이 느껴져. 또, 설탕물의 무게를 재 보면 설탕을 물에 녹이기 전 설탕과 물의 무게를 합한 것과 같지. 그러니까 설탕이 물에 녹아 사라진 것은 아니야. 사실 설탕은 눈에 보이지 않을 정도로 아주 작게 나뉘어서 물에 골고루 섞여 있는 거란다.

좀 더 자세히 들여다볼까?

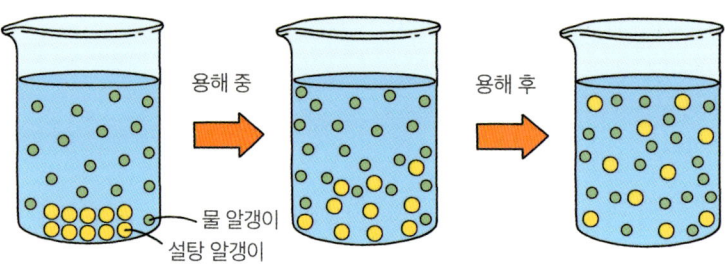

▲ 설탕이 물에 녹는 과정

 용선생의 과학 현미경

용액은 용매와 용질이 골고루 퍼져 있기 때문에 오래 두어도 가라앉거나 뜨는 것이 없어. 또 거름 장치로 걸러도 거름종이 위에 남는 게 없지.

작게 나누어지지 않았기 때문이야. 그래서 미숫가루가 물에 골고루 섞이지 않고 바닥에 가라앉은 거야. 따라서 미숫가루 물은 용액이 아니란다."

"쩝. 모든 가루 물질이 물에 녹는 건 아니네요."

 핵심정리

설탕이 물에 녹아 설탕물이 되는 것처럼 한 물질이 다른 물질에 녹아 골고루 섞이는 현상을 용해라고 해.

어느 게 물에 더 많이 녹을까?

"선생님! 이제 설탕하고 소금 중에서 어떤 것이 물에 더 많이 녹는지 알아봐요."

"좋았어! 둘을 공평하게 비교하려면 물의 양이 같아야겠지? 먼저 비커 두 개에 물을 100g씩 넣고 한 비커에는 설탕을, 다른 비커에는 소금을 녹여 보자."

아이들은 서로 도와가며 물이 담긴 비커에 소금과 설탕을 녹였다.

"선생님! 소금은 36g까지 모두 녹았는데, 조금 더 넣으니까 더 녹지 않고 바닥에 가라앉았어요."

"그럼 소금은 물 100g에 36g 정도 녹는구나. 그런데 하다는 왜 그렇게 씩씩대고 있어?"

"선생님! 설탕은 벌써 100g이나 넣었는데 계속 녹아요. 도대체 언제까지 녹는 거예요?"

"하하! 물의 양이 같을 때 설탕이 소금보다 훨씬 많이 녹는단다. 물 100g에 설탕이 204g 정도 녹으니까 앞으로 104g만 더 넣으면 되겠네."

"으악! 설탕이 소금보다 더 많이 녹는다는 걸 알았으니 그만할래요."

물 100g에 설탕은 204g이나 녹는다고?

"하하, 수고했어. 이제 설탕과 소금 중에 어떤 게 물에 더 많이 녹는지 확실히 알겠지?"

"네! 설탕이 소금보다 훨씬 많이 녹아요."

"그래. 지금 우리가 실험으로 알아본 게 '용해도'라는 거야. 용해도는 일정한 온도에서 용매 100g에 최대로 녹일 수 있는 용질의 양을 말한단다."

"그렇군요. 용해도를 아는 게 중요한가요?"

"그럼. 소금과 설탕처럼 물질의 종류에 따라 용해도가 달라. 따라서 용해도는 물질의 특성이야."

"용해도가 물질의 특성이군요! 끓는점이나 밀도처럼요."

"맞아! 그래서 용해도를 이용해 물질을 구별할 수 있어. 예를 들어, 물 100g에 정체 모를 가루 물질이 36g 정도 녹으면, 이 가루 물질은 소금이란 걸 알 수 있지!"

용선생의 말에 아이들이 모두 고개를 끄덕였다.

"용해도는 온도에 영향을 많이 받아. 그래서 방금 용해도의 뜻을 말할 때 '일정한 온도에서'라고 한 거야. 혹시 온도에 따라 물질이 녹는 양이 달랐던 경험이 있니?"

"아! 엄마가 커피를 타실 때 커피 가루가 찬물보다 뜨거운 물에 더 잘 녹는다고 하셨어요."

"그렇지. 가루 물질과 같은 고체의 용해도는 대부분 온도가

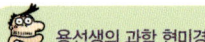

용선생의 과학 현미경

모든 고체의 용해도가 온도가 높아질수록 커지는 건 아니야. 수산화 칼슘이라는 물질은 온도가 높을수록 물에 잘 녹지 않아.

▲ 온도에 따른 설탕의 용해도 변화

높아지면 커진단다. 따라서 고체의 용해도를 나타낼 때에는 온도를 함께 표시해야 해. 우리가 실험으로 알아본 소금과 설탕의 용해도는 물의 온도가 20 ℃일 때의 값이야."

"오호, 그렇군요."

"그럼 선생님이 퀴즈를 하나 내 볼게! 여기 커피 가루가 물에 모두 녹지 않아서 컵 바닥에 가라앉아 있어. 물을 더 넣지 않고 커피 가루를 모두 녹일 방법은 뭐가 있을까?"

"물을 더 넣을 수 없으니 물의 온도를 높이면 되겠네요!"

"그렇지! 가스레인지나 전자레인지 등으로 가열하면 물의 온도를 쉽게 높일 수 있어."

일정한 온도에서 용매 100g에 최대로 녹일 수 있는 용질의 양을 용해도라고 해. 용해도는 물질의 특성이야. 대부분 고체의 용해도는 온도가 높을수록 커져.

 ## 산소도 물에 녹을까?

"여기서 재미있는 사실을 한 가지 더 알아보자. 너희들 공기 중에 산소가 있다는 건 알지?"

"그럼요! 산소 덕분에 우리가 숨을 쉬잖아요."

"그럼 산소가 물에 용해된다는 것도 아니?"

"에이, 설마요! 산소가 어떻게 물에 녹아요?"

"어항 속에 있는 물고기를 생각해 봐. 물고기도 산소를 이용해서 숨을 쉬는데, 물속에 산소가 없다면 어떻게 숨을 쉬고 살겠니?"

"어…… 생각해 보니 그러네요."

곽두기가 무언가 생각난 듯 용선생에게 물었다.

"그런데 가끔 어항 속에 있는 물고기가 물 위로 올라와서 숨을 쉬던데, 왜 그러는 거예요?"

"그건 물속에 산소가 부족하기 때문이란다. 여름에 온도가 높아지면 산소가 물에 적게 녹거든!"

"네? 소금이나 설탕은 물의 온도가 높을수록 많이 녹잖아요. 그런데 산소는 물의 온도가 높을수록 적게 녹는다고요?"

"맞아. 산소뿐 아니라 기체 대부분이 그래. 맛있는 콜라

를 이용해서 직접 확인해 볼까?"

"우아, 좋아요!"

"자, 여기 시원한 콜라 두 병이 있어. 콜라에는 이산화 탄소 기체가 녹아 있어서, 온도에 따라 기체의 용해도가 얼마나 달라지는지 실험하기 좋아."

"아아, 콜라에 이산화 탄소가 녹아 있군요."

"응. 콜라에 녹아 있는 이산화 탄소가 톡 쏘는 맛을 내지. 우선 콜라의 온도에 따라 그 속에 녹아 있는 이산화 탄소가 어떻게 변하는지 알아보자! 콜라의 온도가 달라지도록 한 병은 뜨거운 물에 담그고, 다른 한 병은 얼음물에 담글 거야."

"그러면 콜라 온도가 확실히 달라지겠네요."

용선생과 아이들은 콜라를 수조에 담고 잠시 기다렸다.

"이제 콜라의 뚜껑을 따고 이산화 탄소가 얼마나 빠져나오는지 관찰해 보렴."

▲ **콜라의 기포** 기포 속에 이산화 탄소가 들어 있어.

"오! 뜨거운 물에 담근 콜라에서 기포가 더 많이 올라와요. 이산화 탄소가 빠져나온 건가요?"

"그래. 그 기포가 바로 이산화 탄소야. 온도가 높을수록 이산화 탄소가 녹을 수 있는 양이 적어지니까, 녹아 있던 이산화 탄소가 빠져나와 기포가 생긴 거지. 이처럼 기체는 온도가 높을수록 물에 더 적게 녹는단다."

"아하! 이제 알겠어요."

"실제로 물 100g에 이산화 탄소를 녹이면 0℃에서는 약 0.337g 용해되고 20℃에서는 약 0.17g 용해돼. 또 산소는 0℃에서 약 0.007g이 용해되고, 20℃에서는 약 0.004g이 용해되지."

"정말 온도가 높을수록 기체는 덜 녹네요."

"그리고 기체는 설탕이나 소금 같은 고체에 비해 훨씬 적게 녹는다는 것도 알 수 있지. 대부분의 기체는 고체보다 용해도가 아주 작단다. 기체의 용해도도 종류에 따라 다 달라. 그러니까 물질의 특성이지."

아이들이 고개를 끄덕이는데, 갑자기 곽두기가 콜라병을 입에 물고 숨을 불어 넣었다.

"두기야! 뭐 하니?"

곽두기가 얼굴이 잔뜩 빨개진 채로 말했다.

용선생의 과학 현미경

0℃ 물 100g에 녹는 기체의 양은 다음과 같아. 화장실 냄새의 원인인 암모니아는 물에 잘 녹아서 약 87.5g 녹아. 또 염소도 물에 잘 녹는 편인데 약 1.46g 녹아. 질소는 약 0.003g, 수소는 약 0.0002g 녹아.

용선생의 과학 현미경

콜라에 이산화 탄소를 더 많이 녹이려면?

기체의 용해도는 온도뿐 아니라 압력의 영향도 받아. 압력은 누르는 힘이라는 뜻이야. 우리 주변에는 항상 공기가 누르는 압력이 작용하는데, 이 압력이 높을수록 기체의 용해도가 커져.

콜라나 사이다와 같은 탄산음료를 만들 때에는 이산화 탄소를 아주 많이 녹여야 해. 그래서 높은 압력을 주어 이산화 탄소를 녹이고 뚜껑을 꽉 잠가. 그런데 탄산음료의 뚜껑을 열면 압력이 낮아져서 녹아 있던 이산화 탄소가 빠르게 빠져나와. 콜라 뚜껑을 딸 때 '뻥' 하고 나는 소리는 이산화 탄소가 빠져나오며 나는 소리야.

기체의 용해도를 나타낼 때에는 온도와 압력을 같이 표시해 주어야 해. 보통 기체의 용해도는 우리가 생활하는 곳의 압력을 기준으로 한단다.

"숨을 내쉴 때 이산화 탄소가 나온대요. 그래서 콜라에 다시 이산화 탄소를 녹이려고 숨을 불어 넣는 중이에요."

"아이고! 콜라에서 빠져나오는 이산화 탄소가 더 많을 텐데……. 하하하!"

 핵심정리

산소와 이산화 탄소 같은 기체도 물과 같은 용매에 녹아. 기체의 용해도는 온도가 높을수록 작아져. 기체의 용해도도 기체의 종류에 따라 달라서 물질의 특성이야.

나선애의 정리노트

1. 용해

① 한 물질이 다른 물질에 녹아 골고루 섞이는 현상

② 설탕을 물에 녹일 때, 설탕은 용질, 물은 ⓐ _____, 설탕물은 용액임.

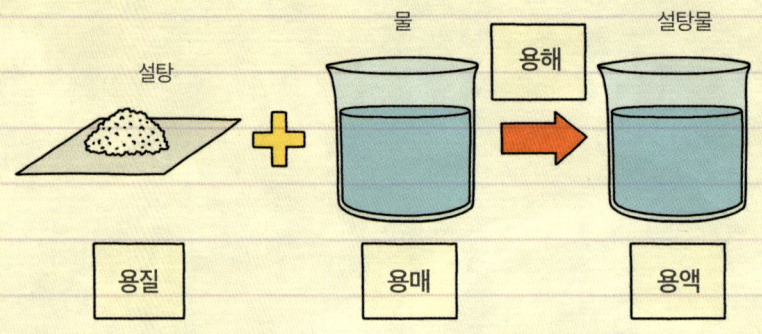

2. 용해도

① 일정한 온도에서 용매 ⓑ _____ g에 최대로 녹을 수 있는 용질의 양

② 고체의 용해도는 온도가 높을수록 ⓒ _____.

③ 기체의 용해도는 온도가 높을수록 ⓓ _____.

④ 용해도는 물질의 종류에 따라 다르므로 물질의 ⓔ _____ 임.

 **과학퀴즈** 달인을 찾아라!

●정답은 115쪽에

01

친구들이 이번 시간에 배운 내용에 대해 이야기하고 있어. 옳으면 O, 옳지 않으면 X를 표시해 줘.

① 설탕물에서 용매는 물이야. (   )

② 설탕은 물이 차가울수록 잘 녹아. (   )

③ 기체는 물에 녹지 않아. (   )

02

왕수재가 미로를 통과하려고 해. 다음 보기 의 괄호 안에 들어갈 말을 순서대로 따라가면 출구를 찾을 수 있대. 왕수재에게 올바른 길을 알려 줘.

> 보기
> 물에 소금을 녹여 소금물을 만들 때 소금은 (   ), 물은 (   ), 소금물은 (   ) 이라고 해. 소금이 물에 녹아 골고루 섞이는 현상은 (   )야.

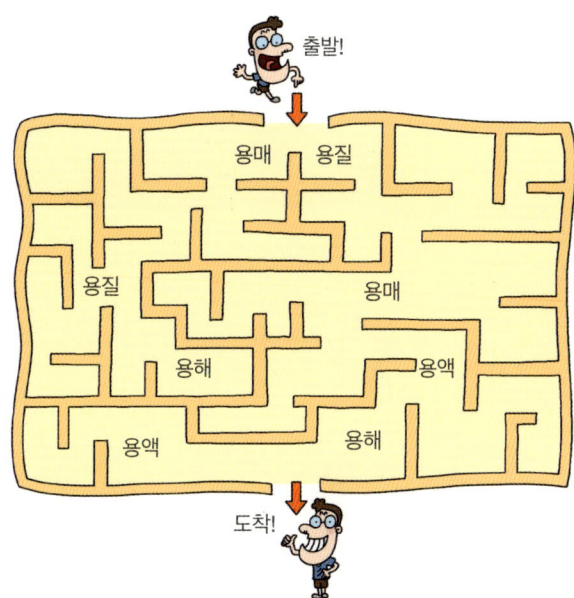

용선생의 과학 카페	용선생의 한국사 카페	용선생의 세계사 카페	

https://cafe.naver.com/yongyong

용선생의 과학 카페

과학계의 핵인싸,
용선생의 과학 카페에
오신 걸 환영합니다.

[Log in]

MENU
물리면 아프다
화학이 화하하
생물 오징어
지구는 둥글다

잠수병이란 무엇일까?

 선생님! 어제 텔레비전을 보니 잠수부들은 잠수병에 걸리지 않게 조심해야 한대요. 잠수병이 뭐예요?

 잠수병은 주로 잠수부가 물속에서 물 위로 빠르게 올라갈 때 생기는 병이란다.

 네? 저도 얼마 전에 수영장에서 잠수했는데, 저도 병에 걸리는 거예요?

 하하! 잠수병은 공기통을 메고 물속 깊이 들어가는 잠수부들이 주로 걸리는 병이야. 그러니 걱정 안 해도 돼.

▲ 공기통을 메고 잠수하는 잠수부

 휴! 안심이다. 근데 잠수병은 왜 생겨요?

 깊은 바닷속은 위에 있는 물이 누르는 압력이 매우 높아. 압력이 높을수록 기체의 용해도는 커진단다. 잠수부는 공기

통에서 산소가 포함된 기체를 들이마시는데, 높은 압력 때문에 기체가 평소보다 혈액에 더 많이 녹아.

 혈액에도 기체가 녹아요?

 응. 물속 깊이 들어갈수록 혈액에 기체가 많이 녹아. 만약 깊은 물속에 잠수해 있던 잠수부가 물 위로 빠르게 올라가면 기체의 용해도는 어떻게 될까?

 물 위로 올라가면 압력이 낮아지니까 용해도가 작아져요.

 맞아. 그래서 혈액 속에 녹아 있던 기체가 빠져나와 공기 방울로 변한단다. 이 공기 방울은 몸속을 돌아다니다가 가느다란 혈관을 막을 수도 있어.

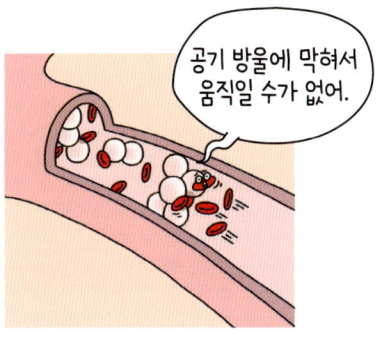

▲ 혈관에 공기 방울이 생긴 모습

 헉! 그러면 혈액이 흐르지 못하잖아요.

 그래서 어지러움을 느끼거나 피부에서 피가 나기도 하고 귀나 눈이 아픈 증상이 나타나는데, 이것을 잠수병이라고 해.

- 장하다의 오답을 피하는 방법
- 나선애의 야무진 실험실
- 왕수재의 아는 척 과학교실
- 허영심의 별 헤는 밤
- 곽두기의 빅뱅 따라잡기

COMMENTS

 잠수병 무서워. 이제 잠수는 안 할 거야!
└ 혹시 수영은 할 줄 알아?
└ 당연히… 못하지.
└ 역시나 괜한 걱정이네.

> 6교시 | 물질의 특성과 우리 생활

풍선이 뜨고 가라앉는 걸 마음대로 조절하려면?

용선생이 과학실로 들어섰을 때 곽두기가 입으로 열심히 풍선을 불고 있었다.

"두기야, 풍선으로 뭘 하고 있어?"

"아! 선생님. 궁금한 게 있어서요. 입으로 분 풍선은 위로 안 뜨는 게 맞아요?"

"맞아. 그게 왜?"

"지난주에 놀이공원에서 산 풍선은 자꾸 위로 떠서 실에 매달고 다녔거든요. 둘이 뭐가 다른 거죠?"

"오호, 좋은 질문인데? 함께 알아보자."

 **놀이공원 풍선의 비밀은?**

아이들이 모두 자리에 앉자 용선생이 말했다.

"놀이공원 풍선과 입으로 분 풍선은 속에 들어 있는 기체가 서로 달라. 두 기체의 특성이 달라서 풍선이 위로 떠오르기도 하고 가라앉기도 하지."

"어떤 특성이 다른데요?"

"지금까지 배운 물질의 특성 중 하나야. 어떤 게 있었는지 한번 말해 볼래?"

"끓는점, 어는점, 녹는점, 용해도 그리고 또 뭐가 있더라……?"

"밀도가 빠졌네!"

"아! 밀도가 생각이 안 났어요!"

"하하! 풍선이 떠오르거나 가라앉는 건 밀도와 관련이 있어."

"밀도요? 그건 물에 뜨고 가라앉는 거랑 관련 있는 거 아니었어요?"

"물뿐만 아니라 공기 중에 뜨고 가라앉는 것도 밀도와 관련이 있어. 지난번에 배운 걸 떠올려 봐. 물에 나무토막과 돌멩이를 넣으면 어떻게 된다고 했지?"

용선생의 질문에 곽두기가 대답했다.

"그야 나무토막은 물 위에 뜨고 돌멩이는 물 아래로 가라앉죠!"

놀이공원 풍선

공기

입으로 분 풍선

"그렇지! 나무토막은 물보다 밀도가 작고, 돌멩이는 물보다 밀도가 크기 때문이지."

"그건 알고 있는데요, 그게 풍선이 뜨고 가라앉는 거랑 무슨 관계가 있어요?"

"우리 주위에는 공기가 가득 차 있어. 공기를 물, 놀이공원 풍선을 나무토막, 입으로 분 풍선을 돌멩이라고 생각해 봐! 뭔가 감이 오지 않니?"

"아! 놀이공원 풍선이 위로 뜨는 것은 나무토막이 물 위로 뜨는 것과 같고, 입으로 분 풍선이 가라앉는 것은 돌멩이가 물 아래로 가라앉는 것과 같다는 거죠?"

나선애의 말에 용선생은 손뼉을 치며 말했다.

"그렇지! 놀이공원 풍선에 들어 있는 기체는 공기보다 밀도가 작고, 입으로 분 풍선에 들어 있는 기체는 공기보다 밀도가 커."

"놀이공원 풍선에는 어떤 기체가 들어 있는데요?"

"헬륨이라는 기체가 들어 있어. 헬륨은 공기보다 밀도가 작아서, 풍선 속에 넣으면 풍선이 위로 뜬단다."

"그럼 입으로 분 풍선에는요?"

"입으로 분 풍선 속에는 우리가 내쉬는 숨이 들어 있지. 우리가 내쉬는 숨에는 질소, 산소, 이산화 탄소 등 다양한

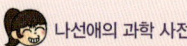

나선애의 과학 사전

헬륨 색깔과 냄새가 없는 기체로 밀도가 아주 작아. 공기 중에는 아주 적은 양이 포함돼 있지. 헬륨은 기구를 띄울 때에도 사용해.

▲ 헬륨이 들어 있는 기구

기체가 들어 있어. 우리가 내쉬는 숨은 공기보다 밀도가 커서 풍선이 위로 뜨지 않아."

"그렇군요. 하늘로 떠오르는 놀이공원 풍선이 밀도의 원리를 이용한 거였다니."

"맞아. 놀이공원 풍선 말고도 우리 생활에서 밀도를 이용하는 경우가 아주 많아."

"어떤 게 있어요?"

"잠수부의 납 벨트, 서핑 보드도 우리 생활에서 밀도를 이용한 것이란다."

그러자 장하다가 손을 번쩍 들고 말했다.

"잠수부가 납 벨트를 차는 까닭은 제가 알아요. 물속으로 쉽게 가라앉기 위해서잖아요!"

"그렇지. 우리 몸은 바닷물보다 밀도가 작아서 가라앉기가 어려워. 그래서 잠수부는 물속에 쉽게 가라앉기 위해 납 벨트를 허리에 매서 전체 밀도를 크게 한단다. 납 벨트를 매지 않으면 몸이 물 위로 자꾸 뜨려고 해서 힘이 많이 들거든."

"그럼 서핑 보드는요?"

"서핑 보드는 사람이 탄 상태로 물 위에 떠야 해. 그래서 물보다 밀도가 작은 나무나 단단한 스타이로폼 종류를

▲ 납 벨트를 한 잠수부 납 벨트는 허리띠에 납 덩어리를 여러 개 붙여 만들어.

▲ 서핑 보드를 타는 모습 아이가 타고 있는 길쭉하고 모서리가 둥근 널빤지가 서핑 보드야.

많이 사용하지."

"아하, 물 위에 잘 뜨려면 밀도가 작아야겠네요! 저도 언젠가 서핑을 배우고 싶어요."

왕수재가 서핑을 하는 것처럼 자세를 잡자, 나선애가 고개를 휙 돌리며 말했다.

"밀도가 이런 곳에 이용되는지 상상도 못 했어요."

"밀도뿐 아니라 끓는점, 어는점, 녹는점도 우리 생활에 많이 이용된단다."

"헉, 정말요? 어디에 이용되는데요?"

 핵심정리

놀이공원의 풍선, 잠수부의 납 벨트, 서핑 보드 등은 물질의 특성 중 밀도를 이용하는 물건이야.

 ## 자동차에도 물질의 특성이?

"먼저 끓는점과 어는점은 자동차에 많이 이용돼."

"그래요? 자동차에 끓는점, 어는점과 관련된 부분이 없는 거 같은데……."

"자! 선생님 얘기를 먼저 들어 보렴. 자동차 안에는 수많은 기계 장치들이 있어. 이 기계 장치들이 서로 잘 맞물려 돌아가려면 미끌미끌한 기름이 필요한데, 이 기름을 윤활유라고 해."

"아! 자전거 체인에 기름칠하는 것처럼요?"

"그렇지. 자동차 기계 장치는 서로 맞물린 채로 아주 빠르게 돌아가면서 열이 많이 발생해 온도가 높아져. 윤활유는 높은 온도에서도 액체 상태를 유지할 수 있도록 끓는점이 300℃ 이상인 물질을 사용한단다."

"윤활유가 꼭 액체 상태여야 해요?"

"응. 뜨거운 기계 안에서 액체 상태로 존재해야 미끄러운 성질을 유지할 수 있어."

아이들이 "아하!" 하며 고개를 끄덕이자 용선생이 이어서 설명했다.

"이번에는 자동차에 어는점이 어떻게 이용되는지 알아볼까? 자동차는 엔진에서 연료를 작게 폭발시킬 때 생기는 힘으로 움직여. 엔진에서 작은 폭발이 계속 일어나면 엔진의 온도는 어떻게 될까?"

"높아지겠죠!"

"그렇지. 엔진의 온도가 계속 높아지면 불이 날 수도 있

곽두기의 낱말 사전

윤활유 부드러울 윤(潤) 미끄러울 활(滑) 기름 유(油). 기계끼리 맞닿는 부분을 미끄럽게 만들기 위해 쓰는 기름을 말해. 석유에서 뽑아낸 물질이나 동식물에서 뽑아낸 기름 성분으로 되어 있어.

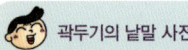

냉각수 찰 냉(冷) 물러날 각(却) 물 수(水). 뜨거운 기계를 차게 식히는 데 쓰는 물을 말해.

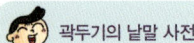

부동액 아닐 부(不) 얼 동(凍) 즙 액(液). 자동차 냉각수가 어는 것을 막기 위해 쓰는 액체를 말해.

▲ **자동차에 넣는 부동액** 알코올, 에틸렌글라이콜 등을 사용해. 냉각수의 어는점을 영하 40°C 정도까지 낮게 만들 수 있어.

어. 그래서 엔진 주위에 물과 같은 액체를 흐르게 해서 엔진의 온도를 낮춰야 해. 이때 사용하는 액체를 냉각수라고 한단다."

"아! 뜨거워진 엔진을 물로 식히는 거군요. 그런데 그게 어는점하고 무슨 관련이 있어요?"

"평소에는 괜찮지만 한겨울이 되면 냉각수에 문제가 생기기 쉬워. 한겨울에는 물이 어떻게 되지?"

"그야 꽁꽁 얼죠."

"냉각수로 일반적인 물을 사용하면 겨울철 아침에 자동차 엔진 주위에 있는 물이 얼어서 물이 들어 있는 호스가 터지거나 자동차 엔진이 고장 날 수도 있어."

"어? 그러면 냉각수로 물을 사용하면 안 되겠네요!"

"응. 그래서 자동차의 냉각수에 어는점이 아주 낮은 액체를 함께 넣는단다. 이러한 액체를 부동액이라고 해."

"이야! 윤활유, 냉각수, 부동액이 자동차를 지키는 액체 삼총사네요."

"하하. 좋은 표현인데? 이번에는 비행기를 알아볼까? 비행기에는 녹는점을 이용한 기계 장치가 있어."

"네? 비행기 어디에요?"

"비행기에서 가장 뜨거운 부분은 어디일까?"

용선생의 질문에 왕수재가 팔을 펼쳐 비행기가 나는 흉내를 내며 말했다.

"비행기는 하늘을 날기 위해서 엔진에서 불꽃이 나오니까 엔진이 가장 온도가 높겠죠."

"수재가 잘 알고 있구나. 비행기가 나는 동안 엔진의 온도가 매우 높아져. 높은 온도에 엔진이 녹으면 안 되겠지? 그럼 비행기가 추락할 테니 말이야."

"높은 온도에서 녹으면 안 되니까 엔진을 녹는점이 높은 물질로 만들어야겠네요."

▲ 비행기 엔진

"맞아. 비행기 엔진은 녹는점이 아주 높은 타이타늄이라는 금속을 주로 사용해. 타이타늄은 녹는점이 1725℃ 정도로 비행기 몸체에 쓰이는 금속보다 높아."

그러자 왕수재가 엄지손가락을 세우며 말했다.

"와! 물질의 특성이 이렇게 많은 곳에 이용되는지 몰랐어요. 역시 우리 생활과 과학은 떼려야 뗄 수 없는 관계인

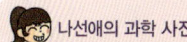 나선애의 과학 사전

타이타늄 윤이 나는 하얀색 금속으로, 녹는점이 높을 뿐만 아니라 매우 단단한 성질도 있어. 그래서 비행기 엔진뿐 아니라 미사일이나 우주선을 만들 때에도 많이 쓰여.

가 봐요."

"감탄하긴 아직 일러. 용해도가 남았다고!"

자동차의 윤활유는 끓는점이 높은 액체를, 부동액은 어는점이 낮은 액체를 써. 또 비행기 엔진은 녹는점이 아주 높은 금속인 타이타늄으로 만들어.

 용해도는 어디에 이용될까?

"용해도가 우리 생활에서 어떻게 쓰이는데요?"

용선생은 수도꼭지를 가리키며 말했다.

"바로 수돗물이지."

"정말요?"

"혹시 수돗물을 어디에서 끌어오는지 아니?"

아이들이 잠자코 고개를 가로저었다.

"하하, 큰 강의 상류에 있는 물을 끌어온단다."

"수돗물이 강물이었어요? 강물은 함부로 마시면 안 되잖아요."

"맞아. 하지만 강 상류의 물은 거의 오염되지 않아서 비

여러 단계에 걸쳐 해로운 물질을 걸러냄.

교적 깨끗해. 또 강물을 그대로 사용하는 게 아니라 정수장으로 끌어와서 해로운 물질을 거르고, 소독한 다음 수돗물로 사용하지."

"근데 수돗물하고 용해도가 무슨 관련이 있어요?"

"깨끗한 강물에도 사람에게 병을 일으킬 수 있는 세균이 들어 있을 수 있어. 세균을 죽이려면 소독을 해야겠지? 그래서 1900년대 초에 독일과 미국에서 처음으로 수돗물을 소독하는 데 염소 기체를 이용했단다."

"네? 염소 기체요?"

"응. 염소 기체를 물에 녹이면 세균을 죽일 수 있거든. 염소 기체는 물에 대한 용해도가 커서 물에 녹이기 쉬워. 또 수돗물이 가정에 도착할 때까지 녹아 있어서 세균이 다시 생겨나는 걸 막을 수 있지. 따라서 수돗물 소독에 아주 알맞아."

"오호, 염소 기체가 물에 잘 녹는군요."

"응. 요즘에는 수돗물에 염소 기체를 직접 녹이지 않고,

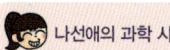

곽두기의 낱말 사전

정수장 깨끗할 정(淨) 물 수(水) 곳 장(場). 강물 등을 깨끗하게 걸러내는 시설을 갖춘 곳을 말해.

나선애의 과학 사전

세균 가늘 세(細) 균 균(菌). 생물체 가운데 가장 작은 생물이야. 다른 생물체에 병을 일으키기도 하고 썩게도 하지.

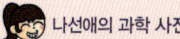

나선애의 과학 사전

염소 우리가 생활하는 온도에서 기체로 존재하는 물질이야. 옅은 녹색을 띠고, 소독할 때 많이 쓰여.

염소가 포함된 화학 물질을 넣는단다. 수돗물 냄새를 맡으면 살짝 소독약 냄새가 나지 않니? 그게 바로 수돗물에서 빠져나온 염소 기체 냄새야."

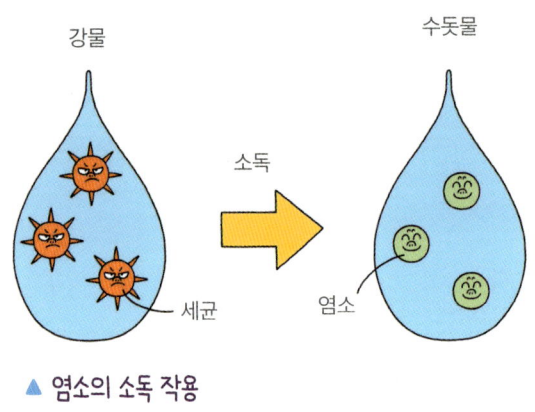

▲ 염소의 소독 작용

그때 곽두기가 깜짝 놀라며 말했다.

"저 어제 수돗물을 그냥 마셨어요! 염소 기체가 세균을 죽일 수 있으면 우리 몸에도 해로운 거 아니에요?"

"하하! 걱정 마. 사람에게 해롭지 않을 정도로 염소 기체를 조절해서 넣거든. 그래도 불안하면 수돗물을 끓여 마시면 돼."

"수돗물을 끓이면 염소 기체가 없어져요?"

"응. 지난번에 배운 기체의 용해도를 생각해 봐. 온도가 높아지면 기체의 용해도가 작아지니까 물을 끓이면 물속에 녹아 있던 염소 기체가 모두 공기 중으로 날아가."

"아하, 그렇군요. 수돗물에 대해 모르고 있던 사실을 또 하나 알았네요."

이때 갑자기 장하다가 가방을 정리하기 시작했다.

"하다야, 갑자기 가방은 왜 정리해?"

나선애의 말에 장하다가 어깨를 으쓱하며 말했다.

"물질의 특성이 어떻게 이용되는지 직접 눈으로 확인해야겠어. 내일 정수장에도 가고, 놀이공원에 가서 풍선도 사고, 자동차 파는 곳에 가서 자동차도 들여다볼 거야. 으…… 비행기를 보려면 어디로 가야 하지?"

아이들이 고개를 절레절레 흔들자 용선생이 웃으며 말했다.

"하하! 내일은 엄청 바쁘겠구나. 물질의 특성이 우리 생활 곳곳에서 활용되고 있다는 걸 잊지 말렴! 이걸로 물질의 특성 수업 끝!"

핵심정리

염소 기체는 물에 대한 용해도가 크고 세균을 죽이는 성질이 있어서 수돗물을 소독할 때 이용해. 수돗물에 남은 염소 기체를 없애려면 물을 끓여서 온도를 높이면 돼.

나선애의 정리노트

1. 밀도의 이용
① 놀이공원 풍선 속 헬륨은 ⓐ_____ 보다 밀도가 작아서 풍선이 위로 떠오름.
② 납 벨트를 차면 물보다 ⓑ_____ 가 커져서 잠수부가 쉽게 물에 가라앉음.
③ 서핑 보드는 물보다 밀도가 작은 물질로 만듦.

2. 끓는점, 어는점, 녹는점의 이용
① 자동차의 윤활유는 ⓒ_____ 이 높은 물질을 사용함.
② 자동차의 부동액은 어는점이 낮은 물질을 사용함.
③ 비행기의 엔진에는 ⓓ_____ 이 매우 높은 타이타늄이라는 금속을 사용함.

3. 용해도의 이용
① 수돗물을 소독할 때, 세균을 죽이는 성질이 있고 물에 잘 녹는 염소 기체를 사용함.
② 수돗물에 남아 있는 염소 기체를 없애려면 물의 온도를 높여 염소 기체의 ⓔ_____ 를 작게 하면 됨.

ⓐ 공기 ⓑ 밀도 ⓒ 끓는점 ⓓ 녹는점 ⓔ 용해도

 # 과학퀴즈 달인을 찾아라!

●정답은 115쪽에

01

친구들이 이번 시간에 배운 내용에 대해 이야기하고 있어. 옳으면 O, 옳지 않으면 X를 표시해 줘.

① 입으로 분 풍선은 공기보다 밀도가 커. (   )
② 자동차 부동액은 한겨울에도 잘 얼지 않는 물질을 이용해. (   )
③ 염소 기체는 물에 대한 용해도가 작아서 수돗물을 소독할 때 사용할 수 있어. (   )

02

나선애가 돌다리를 건너려고 해. 물질의 특성이 아닌 돌을 밟으면 돌다리가 무너질 수도 있대. 물질의 특성을 찾아서 나선애가 무사히 돌다리를 통과할 수 있게 도와주자.

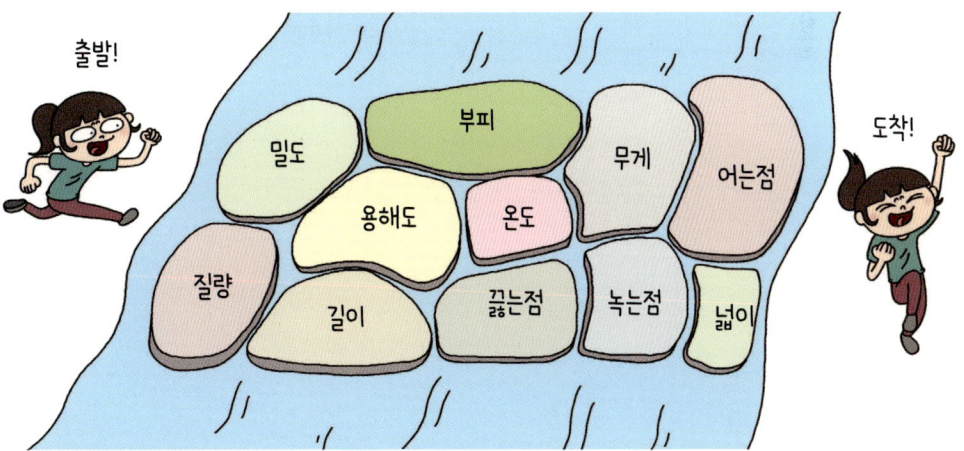

가로세로 퀴즈

물질의 특성에 관한 가로세로 퀴즈야. 빈칸을 채워 봐.
띄어쓰기는 무시해도 돼.

 가로 열쇠	① 모양이 있고 공간을 차지하는 것 ② 사람의 감각 기관을 이용하여 알아볼 수 있는 물질의 성질 ③ 일정한 온도에서 용매 100g에 최대로 녹일 수 있는 용질의 양 ④ 어는점이 아주 낮아서 자동차의 냉각수가 어는 것을 막기 위해 사용하는 액체 ⑤ 알코올을 연료로 사용하는 가열 도구 ⑥ 액체 물질이 끓는 동안 일정하게 유지되는 온도 ⑦ 녹는점이 아주 높아서 비행기 엔진을 만들 때 사용하는 금속
 세로 열쇠	① 우리의 눈, 코, 입, 귀, 피부를 통틀어 이르는 말 ② 물체를 만드는 재료 ③ 여러 가지 물질의 부피를 같게 했을 때의 질량. '질량÷부피'로 구할 수 있음. ④ 설탕물처럼 녹는 물질이 녹이는 물질에 골고루 섞여 있는 물질 ⑤ 물질이 차지하는 공간의 크기 ⑥ 액체 물질이 어는 동안 일정하게 유지되는 온도 ⑦ 은백색을 띠고, 가볍고 무르며, 음료수 캔을 만들 때 사용하는 금속 ⑧ 올리브나무 열매를 짜서 얻은 기름 ⑨ 물과 같은 액체의 표면과 내부에서 모두 기체로 변하는 현상

정답은 115쪽에

교과서 속으로

교과서에서는 어떻게 배울까?

초등 3학년 1학기 과학 | 물질의 성질

물체와 물질은 무엇일까?

- **물체**
  - 모양이 있고 공간을 차지하고 있는 것이다.
    ↳ 연필, 지우개, 필통, 책상, 의자 등
- **물질**
  - 물체를 만드는 재료이다.
    ↳ 금속, 플라스틱, 나무, 고무, 유리, 종이, 섬유, 가죽 등

 우리 주변에 물체의 종류는 수없이 많지만 물질의 종류는 그리 많지 않다는 사실!!

초등 5학년 1학기 과학 | 용해와 용액

여러 가지 물질을 물에 넣으면 어떻게 될까?

- **물에 여러 가지 가루 물질을 넣을 때**
  - 어떤 물질은 녹고, 어떤 물질은 물에 녹지 않는다.
- **용해**
  - 소금과 설탕이 물에 녹는 것처럼 어떤 물질이 다른 물질에 녹아 골고루 섞이는 현상이다.
- **용액**
  - 소금물이나 설탕물처럼 녹는 물질이 녹이는 물질에 골고루 섞여 있는 물질이다.

 나는 소금물에서 소금을 용질, 물을 용매라고 한다는 것도 알지.

교과서랑 똑같네!

중 2학년 과학 | 물질의 특성

밀도

- **부피와 질량**
  - 부피: 물질이 차지하는 공간의 크기
  - 질량: 물질이 가지는 고유한 양
- **밀도**
  - 질량을 부피로 나눈 값으로, 단위 부피당 질량이다.
  - 어떤 물질의 밀도는 물질의 양과는 관계없이 일정하다.

 밀도를 알면 물에 뜰지 가라앉을지 알 수 있다고!

중 3학년 과학 | 물질의 특성

녹는점과 어는점, 끓는점

- **녹는점과 어는점**
  - 녹는점: 고체 물질이 녹는 동안 일정하게 유지되는 온도
  - 어는점: 액체 물질이 어는 동안 일정하게 유지되는 온도
  - 같은 물질의 녹는점과 어는점은 같다.
- **끓는점**
  - 액체 물질이 끓는 동안 일정하게 유지되는 온도이다.

 모두 다 물질의 특성이라고 배웠어. 이제 중학교 과학도 문제 없어!

찾아보기

가열 27-28, 30-33, 35-36, 41, 52, 85
가죽 15
감각 기관 17, 19
겉보기 성질 13, 16-20
금속 15, 20, 36, 103
기포 28-29, 31, 34, 87-88
길이 20-21, 63-64
꺾은선 그래프 32-33, 47-48
끓는점 20, 32-37, 40-41, 47, 53, 84, 97, 100
끓음 29
납 벨트 99
냉각수 102
넓이 20
녹는점 20, 51-53, 97, 100, 102-103
메탄올 34
무게 20-21, 63, 82
물체 13-16, 18-19, 21, 40
밀도 20, 61, 65-71, 74-75, 84, 97-100
부동액 102
부피 61-67, 69, 71, 74
비커 17, 27, 30, 83
산소 35-37, 86, 88, 93, 98
서핑 보드 99
설탕 78-80, 82-86, 88
설탕물 16-17, 79-82

세균 105-106
소금 78-80, 83-84, 86, 88
소금물 16-17, 79-80,
수돗물 104-106
식용유 33-34, 45, 48-49, 69
알루미늄 36-37
알코올램프 28-30, 32
압력 40-41, 89, 92-93
어는점 20, 47-51, 53, 57, 97, 100-102
얼음 45, 47, 50-53, 69-70
얼음물 69, 87
에탄올 34, 37, 68
염소 88, 105-106
온도 20-21, 29-34, 36, 41, 45-53, 84-89, 101-103, 105-106
온도계 30-32, 45-46
올리브유 44-45, 48-51
용매 80-82, 84
용액 79-82
용질 80-82, 84
용해 80-82, 86, 88
용해도 20, 84-85, 87-89, 92-93, 97, 104-106
유리 15, 19, 21
윤활유 101
이산화 탄소 87-89, 98
정수장 105, 107
종이 13-15, 82

질량 61, 63-67, 69, 71, 74
철 37, 50-53, 68-71
콩기름 34, 49-51
타이타늄 103
투명 19, 26
플라스틱 14-15, 19, 20
헬륨 98

퀴즈 정답

1교시

01   ① O   ② X   ③ X

02

2교시

01   ① X   ② O   ③ X

02

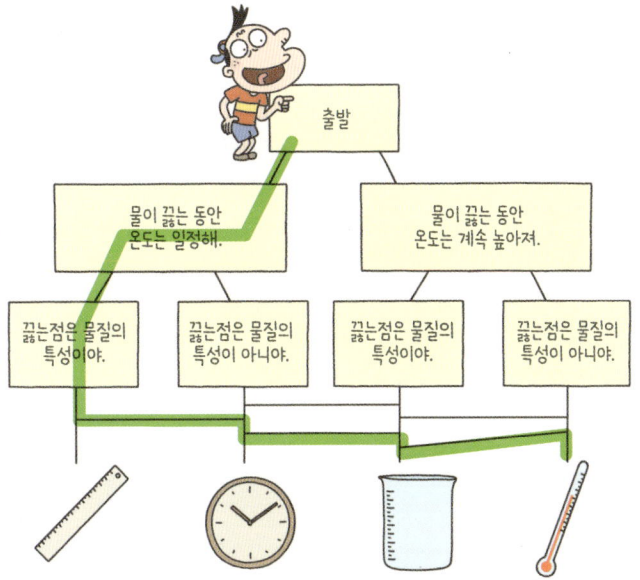

3교시

01 ① X   ② O   ③ O

02
① 물질의 어는점과 ○○점은 같아.
② ○○의 녹는점은 0°C야.
③ 어는점과 녹는점은 모두 물질의 ○○이야.

4교시

01 ① X   ② X   ③ O

02

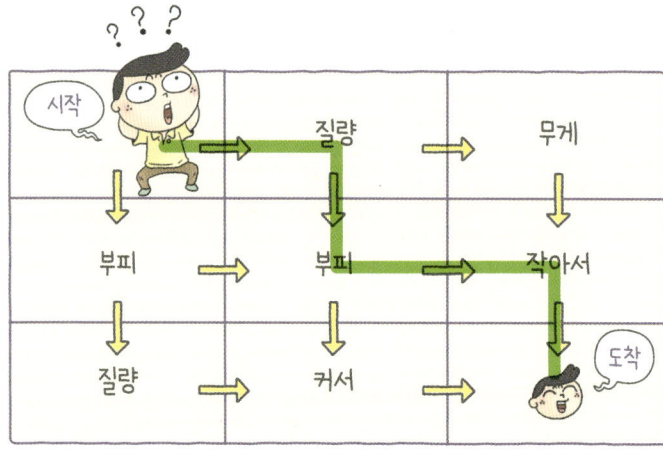

5교시

01 ① O ② X ③ X

02

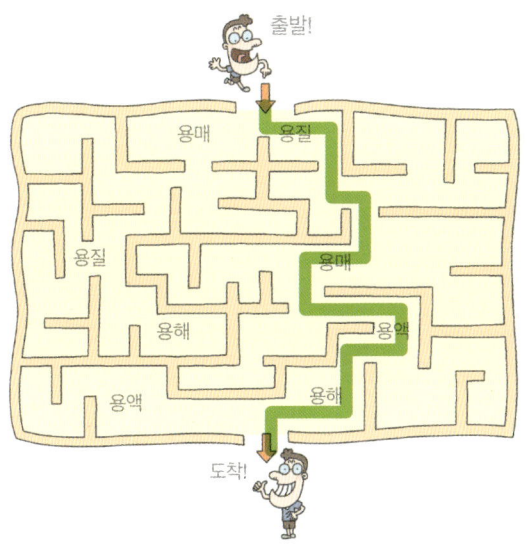

6교시

01 ① O ② O ③ X

02

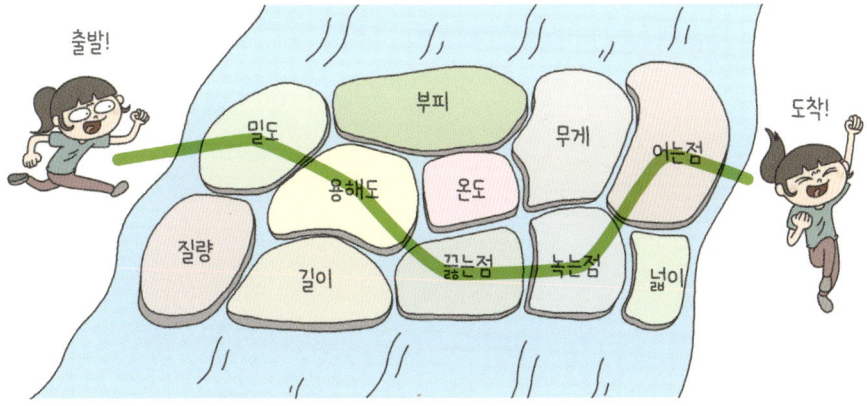

가로세로 퀴즈

		❶감						
		각		①❷물	체			
②겉	보	기	성	질			❸밀	
		관				③❹용	해	도
				④❺부	동	액		
		❻어		피				
		는			⑤❼알	코	❽올	램	프
⑥❾끓	는	점			루		리	
음					미		브	
		⑦타	이	타	늄		유	

일러두기
- 맞춤법과 띄어쓰기는 국립국어원에서 펴낸《표준국어대사전》을 따랐습니다.
- 과학 용어 표기는《2015 개정 교육과정에 따른 교과용도서 개발을 위한 편수자료Ⅲ 기초과학, 정보 편》을 따랐습니다.
- 이 책에 실린 사진은 저작권자로부터 사용 허가를 받았습니다. 저작권자와 접촉하기 위해 최선을 다했으나 불가피한 사정으로 사용 허가를 받지 못한 일부 사진에 대해서는 저작권자와 연락이 닿는 대로 게재 허락을 받고 사용료를 지불하겠습니다.
- 이 책에 실린 그림의 저작권은 별도의 표기가 없는 한 사회평론에 있습니다.

사진 제공
28쪽: 북앤포토 | 30쪽: 북앤포토 | 36쪽: 퍼블릭도메인 | 49쪽: 북앤포토 | 56쪽: Markus Brunner(wikimedia commons_CC3.0) | 70, 72쪽: 북앤포토 | 74쪽: Zenit(wikimedia commons_CC3.0), 퍼블릭도메인 | 75쪽: 퍼블릭도메인 | 79쪽: 북앤포토 | 81쪽: 북앤포토 | 87쪽: 북앤포토 | 그 외: 셔터스톡

용선생의 시끌벅적 과학교실 | 물질의 특성

1판 1쇄 발행	2021년 1월 4일
1판 6쇄 발행	2025년 3월 10일
글	윤용석
구성	김형진, 설정민, 이명화
그림	김인하, 뭉선생, 윤효식
감수	노석구
캐릭터	이우일
어린이사업부	이승필
책임편집	이건혁
편집	정세민, 이명화, 홍지예, 김미화, 최예리, 윤성진, 박하림, 김예린
마케팅	윤영채, 정하연, 안은지, 박찬수, 강수림
경영지원본부	나연희, 주광근, 오민정, 정민희, 김수아, 김승현
아트디렉터	강찬규
디자인	디자인서가
사진	북앤포토
펴낸이	윤철호
펴낸곳	(주)사회평론
전화	02-326-1182
팩스	02-326-1626
주소	03993 서울시 마포구 월드컵북로6길 56 사평빌딩
출판등록	1993년 10월 6일 제 10-876호

ⓒ 사회평론, 2021

ISBN 979-11-6273-150-5 73400

- 이 책 내용의 일부나 전부를 다시 사용하려면 저작권자와 사회평론의 동의를 받아야 합니다.
- 잘못 만들어진 책은 바꾸어 드립니다.

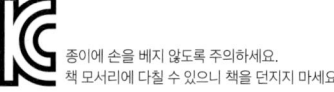

종이에 손을 베지 않도록 주의하세요.
책 모서리에 다칠 수 있으니 책을 던지지 마세요.